Greta Silver

Wie
BRAUSE
PULVER
auf der Zunge

Glücklich sein
ist keine Frage
des Alters

Ullstein

Besuchen Sie uns im Internet:
www.ullstein-buchverlage.de

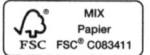

Lizenzausgabe im Ullstein Taschenbuch
1. Auflage November 2019
3. Auflage 2020
Copyright © 2018 by Scorpio Verlag GmbH & Co. KG, München
Mitwirkung: Shirley Michaela Seul
Umschlaggestaltung: Favoritbuero, München
Titelabbildung: © Lotta Fotografie, Hamburg
Das Gedicht auf Seite 91f. stammt aus:
Theodor Storm: Sämtliche Werke in vier Bänden.
Band 1, Berlin und Weimar 1978, Seite 123
Satz: BuchHaus Robert Gigler, München
Gesetzt aus der Minion Pro
Druck und Bindearbeiten: CPI books GmbH, Leck
ISBN 978-3-548-06079-8

Für meine Kinder

Inhalt

Alt werden
ist wie Brausepulver
auf der Zunge

Ich bin siebzig, also in meiner Blütezeit, und genauso fühle ich mich. Ich möchte keinen Tag jünger sein, denn mein Leben wird immer leichtfüßiger, spannender, kreativer. Ein großes Glück ist dieses Alter. Und so bunt. Das hätte ich mir in früheren Jahren niemals träumen lassen. Aber ich hatte auch keine schlimmen Vorstellungen vom Alter. Es konnte also keine selbsterfüllende Prophezeiung wahr werden, dass im Alter alles Schöne vorbei wäre. Ganz im Gegenteil! Wenn ich morgens aufwache, kribbelt die Freude auf den neuen Tag schon in mir. Was wird heute Tolles passieren?

Ich bin froh, dass dieses ganze Rumgezappel früherer Jahre hinter mir liegt und ich nur noch das tue, was mir Spaß macht. Ich muss nicht, ich will. Und das macht den entscheidenden Unterschied. Ich muss nicht mehr durch meinen Tag hetzen, um große Ziele – Job, Familie, Haus – zu erreichen. Ich kann tun, was ich möchte. Und ich will eine Menge und brauche mir diese Zeit nicht zu stehlen. Jede Zeit ist meine Zeit.

Mit siebzehn Jahren beschloss ich, hundertzwanzig zu werden. Also ist das mit der Blütezeit meines Lebens, in der ich mich nun befinde, keine Beschönigung oder Alterstorheit. Damals lud Omi die ganze Familie zu ihrem sechsundsiebzigsten Geburtstag ein. Es kamen auch alle, weil Omi auf der Einladung vermerkt hatte, dass dies ihr letzter Geburtstag sei. Ich sehe mich noch mit meinen Cousinen und Cousins hinter der Fliederlaube in Omis Garten stehen.

»Ist Omi eigentlich krank?«, fragte ich. »Sie sieht doch noch ganz fit aus. Aber wenn das jetzt ihr letzter Geburtstag ist ...«

»So ein Quatsch«, meinte mein ältester Cousin. »Kein Mensch weiß, wann er stirbt.«

»Ich mach das anders«, entgegnete ich. »Ich entscheide jetzt, dass ich hundertzwanzig Jahre alt werde.« Mein Cousin nickte, als wäre er befugt, das abzusegnen. Auch ohne sein Nicken war es für mich abgemacht. Einhundertzwanzig. Sollte ich das nicht schaffen, wäre es auch egal. Immerhin stand jetzt mal eine Zahl im Raum.

Meine Omi war nicht krank, sodass man mit ihrem Ableben hätte rechnen müssen. Sie feierte in den nächsten Jahren noch zehn Mal ihren letzten Geburtstag, und stets reisten alle aus ganz Deutschland an. Omi hatte es faustdick hinter den Ohren.

Alter und Krankheit sind vielerorts eine unheilvolle Ehe eingegangen, geradeso als gäbe es Krankheiten in der Jugend nicht. Manchmal erzählen mir Menschen von lebensbedrohlichen Krankheiten, die sie überwunden und bereichert haben. Ich versuche dann immer herauszufinden, was sie in der Bewältigung dieser Krise gelernt haben, und hoffe, dass ich das auch ohne die Krankheit hinbekomme. Ich glaube nicht, dass man im Alter automatisch krank wird und in jungen Jahren automatisch immer gesund ist. Für mich sind das alles Denkmuster, die den eigenen Spielraum einschränken, aus dem wiederum Lebensfreude erwächst. Denn wenn ich das Alter von vorneherein als Lebensabschnitt betrachte, in dem ich siech dem Ende entgegensehe oder bestenfalls nur noch mit angezogener Handbremse fahre, dann wird das auch so sein.

Die hundertzwanzig Jahre habe ich im Lauf meines Lebens wieder vergessen. Wer denkt beim Abitur an so was, bei der ersten Berufserfahrung, bei der Hochzeit oder der Geburt der Kinder. Eines Tages fiel mir die Zahl wieder ein. Hundertzwanzig, natürlich! Ich erinnere mich an keinen konkreten Anlass, vermutlich hat mich irgendjemand gefragt, ob ich denn keine Angst vor der verrinnenden Zeit hätte. Junge Menschen erzählen, was sie Tolles machen wollen, mittelalte erzählen, wie gestresst sie von dem sind, was sie machen müssen, und was sie stattdessen lieber täten. Ältere Menschen reden zu oft über Krankheiten und zählen auf, was sie alles nicht mehr können. Wann macht man eigentlich mal das, was man will? Die Antwort lautet: Jetzt! Über Krankheiten unterhalte ich mich jedenfalls nicht – solche Gespräche sind nämlich ansteckend.

Manchmal kommt es mir so vor, als wäre jeder Tag ein Kindergeburtstag. Klingt das albern? Aber mal anders herum betrachtet: Welches Bild verankern wir in unserem Gehirn von unserem eigenen Alter? Und wieso soll das Leben jenseits der vier, vierzehn und vierzig nicht mal sprudeln dürfen wie Brausepulver?

Ich möchte nicht mehr jung sein. Nichts zieht mich in das Hamsterrad meiner früheren Jahre. Als ich siebzehn war, glaubte ich, mit fünfunddreißig sei das spannende Leben vorbei. Als ich fünfunddreißig war, kamen mir die Fünfzigjährigen uralt vor und mit fünfzig die Fünfundsechzigjährigen, und so geht es dahin, was beweist: Alter ist total subjektiv – und das bedeutet, dass jeder darüber bestimmen kann, wie »alt« oder »jung« er sich fühlt. Alter ist Ansichtssache!

Mit diesem Buch möchte ich Sie anstiften, sämtliche grauen Vorstellungen vom Alter zu kündigen. Es liegt allein an Ihnen, ob Sie die Tür für die Lebensfreude öffnen. Glücklich sein ist eine Entscheidung! Ich weiß, wovon ich spreche, denn ich habe es selbst ausprobiert – und es hat geklappt. Wenn ich was mache, dann richtig, also auch das Älterwerden. Ich lebe einfach wie immer: voller Begeisterung.

Irgendwann habe ich gemerkt, dass meine Lebenseinstellung viele Leute interessiert. »Greta, wie machst du das eigentlich? Du wirkst immer so fröhlich, so jung«, werde ich oft gefragt. Nun, ich bin überzeugt davon, dass das bewusste Leben das schönste Geschenk auf Erden ist. Ich möchte meine Tage nicht einfach an mir vorbeiziehen lassen, sondern spüren, so intensiv wie möglich. Natürlich entdecke ich am liebsten Schönes und Neues, Spannendes. Doch ich habe gelernt, dass sich selbst die schmerzhaften Erfahrungen nach einer Weile buchstäblich entpuppen – und dann erkenne ich oft auch Gutes darin. Aber es braucht nicht nur schicksalhafte »schlimme« Ereignisse, um das Leben zu schätzen. Wäre es nicht viel besser, wir würden diese hohe Lebenskunst an Kleinigkeiten erlernen? Im Rückblick auf mein Leben erkenne ich, dass es mir oft gelungen ist, aus Alltäglichem wie einem gebrochenen Handgelenk größere Zusammenhänge herauszulesen. Es ist alles eine Frage der Aufmerksamkeit, Achtsamkeit, und dahinter steht die Frage: Wie möchte ich leben – und was tue ich dafür?

So ist die Fähigkeit, das Leben differenziert in immer feineren Facetten wahrzunehmen, eine der größten Freuden des Alters für mich. Man braucht Lebenserfahrung, um gewisse Unterschiede überhaupt zu erkennen. Heute erfasse ich das Leben in einer Tiefe und Breite, die ich mir früher im Traum nicht hätte vorstellen können. Mit allen Sinnen genieße ich die Schönheit des Lebens. Dieses Gefühl von Verbundenheit mit allen und allem entfaltet erst im Alter seine ganze Kraft. Es ist gerade so, als wären mir in den letzten Jahren Genuss-Antennen gewachsen, so ähnlich wie die Geschmacksknospen einer Weinkennerin. Im Laufe der Jahre werden diese immer feiner, Profis schmecken zarteste Nuancen heraus. Sie erkennen Brombeere im Wein oder Schokolade und spüren sogar, wie sich der Geschmack des Weins im Mund verändert und was davon übrig bleibt in den Minuten danach. Es bedarf der Schulung der Sinne, um dies zu erreichen. Auch das bewusste Älterwerden kann man lernen. Manchem mag das leichterfallen, weil er auf viele positive Erfahrungen zurückblicken kann, doch es ist für mich keine »Entschuldigung«, wenn jemand sagt, sein Leben sei immer mies verlaufen, da könne es ihm jetzt nicht gut gehen. So etwas finde ich sehr bedauerlich, denn wenn nicht jetzt, wann dann? Gerade wenn etwas in der Vergangenheit nicht gut gelaufen ist, wäre doch jetzt der beste Zeitpunkt, noch einmal mit etwas Schönem neu anzufangen.

Es ist mir natürlich bewusst, dass jeder in seiner Haut steckt und nur im Rahmen seiner Möglichkeiten Spielraum hat. Doch ich bin zuweilen geradezu erschüttert, wie wenig sich manche Menschen gönnen. Kürzlich unterhielt ich mich mit einer sechzigjährigen Frau. Ihre Mutter war im Alter von vierundachtzig Jahren gestorben, und sie sagte zu mir: »Als

Nächste bin dann wohl ich an der Reihe. Viel Zeit bleibt mir nicht mehr, wenn ich ungefähr so alt werde wie meine Mutter. Was soll jetzt schon noch groß passieren?«

Fassungslos sah ich sie an. Das Leben soll vorbei sein mit sechzig? Von da an soll es nur noch bergab gehen? Was für ein Rechen- und Freudefehler! Ich erklärte es ihr: »Vierundzwanzig Jahre liegen vor dir, bis du so alt bist, wie deine Mutter geworden ist. Rechne diese vierundzwanzig Jahre einmal zurück. Würdest du die Zeitspanne von deinem sechsunddreißigsten Geburtstag bis heute als öde bezeichnen?«

»Aber nein!«, rief sie. »Da war ich doch noch jung.«

»Vierundzwanzig Jahre sind vierundzwanzig Jahre«, sagte ich. »Was soll an den Jahren, die vor dir liegen, schlechter sein als an denen, die hinter dir liegen? Wie kommst du auf die Idee, dass nun alles vorbei sei? Vieles fängt doch gerade erst richtig an! Du hast ein Lebens-Know-how, das dir keiner nehmen kann.«

»Meinst du?«

»Und ob!«

Es hat mich sehr beruhigt, auf Fachvorträgen zu erfahren, dass unser Gehirn auch im Alter uneingeschränkt funktioniert – wenn wir es fordern, am besten mit Leidenschaft. Begeisterung ist eines der Geheimnisse eines aktiven Gehirns. Sie ist sozusagen das Zünglein an der Waage und entscheidet darüber, ob das Gehirn etwas vom Kurzzeit- ins Langzeitgedächtnis speichert. Mit unseren Emotionen geben wir dem Gehirn ein Signal, wohin es etwas ablegen soll. Wäre es da nicht klug, auf so viele Erfahrungen wie möglich das Etikett »toll« kleben zu können, damit das Gehirn sie sorgsam für uns verwahrt?

Am Ende seiner Tage bedauert man vor allem das, was man nicht gemacht hat. Ich möchte aber nicht traurig sein, weil ich etwas nicht ausprobiert habe. Ich habe früher viel angepasster gelebt als heute, wollte es jedem recht machen. Ich war auch damals glücklich mit meinen drei wunderbaren Kindern. Aber so leicht und frei wie heute empfand ich mein Leben nicht.

Natürlich gab es auch mal Unstimmigkeiten, Streit, das gehört dazu. Ich legte Wert darauf, dass jede Kritik mit einer positiven Bemerkung begann. Dass keiner sagte: Du bist doof, sondern: Ich finde es nett, dass ich deine Jacke anziehen darf, aber es gefällt mir nicht, dass du dauernd in mein Zimmer gehst, wenn ich nicht da bin. Eines Tages sagte mein ältester Sohn zu mir: »Mami, ich bin es leid, dass ich immer erst das Positive sagen soll, wenn mir was nicht passt. Kann ich mal eine Liste schreiben, was ich alles super finde, die gebe ich dir und darf dafür dann gleich loslegen?«

Diese Liste – selbstverständlich habe ich sie aufbewahrt – gehört zu meinen großen Schätzen, denn meine drei Kinder, die alle gleich loslegen wollten, notierten auf zwei Seiten, was ihnen an unserer Familie und mir gefiel. Manchmal lese ich sie durch, und mein Herz wird warm und weit.

Es war mir unendlich wichtig, meinen Kindern meine Werte zu vermitteln, und das fand ich in der Großstadt Hamburg nicht so einfach. Ich bin auf einem Bauernhof groß geworden, da hatte jeder seine Aufgaben. Einer fütterte die Hühner, ein anderer kümmerte sich um die Pferde, Ältere passten auf die Jüngeren auf. Werte wie Respekt, Mitgefühl, Höflichkeit, Großzügigkeit waren nicht nur leere Worte. Das wollte ich an meine Kinder weitergeben, und zwar nicht nur in der Theorie. Wir backten Plätzchen für Menschen im Seniorenheim, schickten Päckchen nach St. Petersburg und malten uns aus, wie die Kinder dort auf diese Überraschung reagieren würden. Ich wollte unbedingt, dass meine Kinder fühlen lernten, wie schön es ist, Freude zu bereiten. Vielleicht steckt dieser Impuls in allen meinen aktuellen Aktivitäten. Ich liebe es, anderen eine Freude zu machen.

Siebzehn Jahre war ich lustvoll Mutter und Hausfrau. Ich bereue keinen einzigen Tag, keine Stunde. Wenn es mir überdrüssig geworden wäre, hätte ich nicht meinen Kindern die Schuld gegeben, sondern mir noch ein paar Ehrenämter gesucht – Musizieren für behinderte Kinder, Seniorenbetreuung, Deutschunterricht mit Pantomime für ausländische Kinder, Vorlesen, Hausaufgabenbetreuung und so weiter. Diese Tätigkeiten waren eine gute Basis für meine spätere berufliche Karriere. Doch das wusste ich zu dem Zeitpunkt nicht.

Im Alter von achtundvierzig Jahren, nach siebzehn Jahren als hauptberufliche Mutter und Hausfrau, unternahm ich die ersten Schritte zurück in die Berufswelt. Nach dem Abitur hatte ich bis zur Geburt meines ersten Sohnes als Sekretärin gearbeitet. Zwar hatte ich mich damals hochgearbeitet und auch anspruchsvolle Projekte betreuen dürfen – doch daran konnte ich nicht anknüpfen. An meinem letzten Arbeitstag hatte ich die graue Schutzhülle über meine elektrische Schreibmaschine gebreitet. Mittlerweile wurde in allen Büros mit Computern gearbeitet. Ich wagte den Schritt aus meiner Familienwelt hinaus, und auf einmal war ich so etwas wie Innenarchitektin, richtete Hausbootflotten, Ferienhausanlagen und zuletzt ein Vier-Sterne-Hotel ein. Hinzu kamen weitere Tätigkeiten als freie Journalistin, PR-Managerin und Projektentwicklerin für Kongresse. Schließlich begleitete und organisierte ich das soziale Engagement eines sehr wohlhabenden Mäzens, lernte

Politiker, Prominente und Wirtschaftsgrößen kennen und merkte: Das sind ja ganz normale Menschen. Diese »Karriere« nach meiner Familienzeit hätte ich mir niemals erträumt. Irgendwann war ich wohl zur rechten Zeit am rechten Ort – und dann lief es durch meinen Motor der Begeisterung wie von selbst. Es ist mir bewusst, dass ich viel Glück gehabt habe in meinem Leben. Und sicherlich haben es mir meine Neugier und Lebensfreude erleichtert, meine Talente zu finden. Ich bin fest davon überzeugt, dass in jedem Menschen unentdeckte Talente schlummern, und manche erwachen vielleicht erst in späteren Jahren. Das Alter ist eine ideale Zeit, diese neuen Talente in sich zu entdecken.

Ob ich einen Kindergeburtstag ausrichtete oder einen Event, über den in der Tagesschau berichtet wurde – letztlich kam es darauf an, dass alles klappte. Dann war ich glücklich, und es fiel mir nicht schwer, oft nur vier Stunden pro Nacht zu schlafen. Hin und wieder wurde ich gefragt, woher ich so viel Energie hätte. Ob ich in all den Jahren als Hausfrau und Mutter in der Warteposition aufgetankt hätte. Ja, das mag durchaus sein – aber anders, als die meisten vermuten. Ich steckte einfach voller Schaffenskraft. Gut möglich, dass mir der liebe Gott eine Extraportion davon mit auf den Weg gegeben hat. Ich habe genug, um mit anderen zu teilen. Und ich kann auch hervorragend alleine leben.

Nach siebenunddreißig gemeinsamen Jahren trennten sich mein Mann und ich. Wir hatten uns auseinandergelebt. Meine neue Freiheit genoss ich sehr. Doch was dann geschah, hätte ich mir nicht in meinen kühnsten Träumen ausmalen können. Mit sechzig Jahren wurde ich gefragt, ob ich Lust hätte, mal zu modeln. Damals wog ich fünfzehn Kilo mehr als heute. Wer modeln will, hat in der Werbung gute Chancen, es werden alle

Typen gesucht: dicke, dünne, kleine, große, junge und alte. Das wissen aber viele nicht, weil sie falsche Vorstellungen haben. Gerade im Alter tun sich tolle Möglichkeiten auf. Von einigen werde ich in diesem Buch erzählen.

Es ist auch falsch, dass Omas, die noch eigene Pläne haben und sich nicht nur um ihre Enkel kümmern wollen, egoistisch sind, Rabengroßmütter sozusagen. Oder dass man sich ab fünfzig die Haare färben sollte. Oder oder oder. All diese Vorstellungen setzen Grenzen, und so wird der Lebensraum immer enger. Weg mit den Zäunen im Kopf! Jetzt ist die beste Zeit, das Leben zu genießen. Ich möchte nicht mehr zwanzig sein mit all den Unsicherheiten, ob die großen Lebenspläne gelingen. Daran denkt man ja nicht, wenn man sich jünger wünscht. Man sieht immer nur die Zuckerseiten, lediglich beim Alter vergisst man sie, da glaubt man, Bitterkeit zu schmecken – ein Gerücht! Ich möchte auch nicht mehr dreißig sein und unzählige Nächte an Kinderbetten verbringen, Fieber messen, Wadenwickel anlegen. Jede Zeit hat ihre eigenen Aufgaben und Herausforderungen. Ich liebe meine Enkelkinder heiß und innig und lasse mich allzu gerne von ihnen um den kleinen Finger wickeln. Aber ich renne nicht mehr im Hamsterrad des ganz normalen Wahnsinns durch den Tag.

Das Alter bietet nur Vorteile! Ich mag die Bezeichnung Best Ager. Es ist Erntezeit, und wir sammeln Geschenke ein. Alles, was wir gelernt haben im Lauf der Jahrzehnte, steht uns zur vollen Verfügung. Jetzt spanne ich meine Flügel aus. Jetzt ist Zeit für mich, die ich mit meinem Erfahrungsschatz viel besser nutzen und genießen kann als früher. Das Alter ist cool!

Mit diesem Buch möchte ich Sie anstiften, Ihre grauen Vorstellungen vom Alter auf den Prüfstand zu stellen. Es liegt allein an Ihnen, ob Sie die Tür für die Freude öffnen. Ich weiß, wovon ich spreche, ich habe es selbst ausprobiert. Ich war sechsundsechzig Jahre alt und scherzte mit einer jüngeren Freundin. Wahrscheinlich wurde Udo Jürgens zitiert – »Mit 66 Jahren« … Wir lachten. Da sagte meine Freundin: »Erzähl doch mal der Welt da draußen, wie toll es ist, alt zu sein. Bei dir sieht das ganz anders aus, als man es sich vorstellt. Irgendwie scheint das Alter ja auch eine positive Seite zu haben …«

»Eine?«, unterbrach ich sie.

»Zwei?«, fragte meine Freundin kühn und wurde dann ernst. »Wirklich! Ich finde, das sollten mehr Leute wissen. Alles, was du machst, ist ein Gegenentwurf zu den Bildern, die in den Medien kursieren. Da gibt es bloß die dahinsiechenden Alten in den Pflegeheimen oder diejenigen, die nicht alt genannt werden wollen und in Sportklamotten mit gefärbten Haaren in Wohnmobilen und Coupés herumreisen.«

Ich nickte. Das war mir auch schon aufgefallen. Aber wie sollte ich der Welt etwas erzählen?

»Über YouTube natürlich!«, lautete ihre Lösung. Das kannte ich von Tutorials und diversen Gebrauchsanweisungen.

Zwar hatte ich meinen YouTube-Kanal schnell angemeldet, doch es dauerte eine Weile, bis ich die Technik beherrschte. Und dann brauchte ich Filme. Die musste ich hochladen und optimieren. Als ich meinen Kanal mit einigen Clips bestückt hatte, wurde mir klar, dass er auch gefunden werden musste. Wie sollte ich der Welt erzählen, wie toll das Alter war, wenn die Welt gar nicht wusste, dass es mich gab? Ein halbes Jahr lang arbeitete ich sechs Tage in der Woche zehn Stunden täglich und wurde zur Networkerin. Es gibt eine Menge Hilfe im Netz, Tutorials und Communities helfen weiter. Meine Fragen wurden alle beantwortet, und manchmal war es recht lustig, da mir die Fachausdrücke fehlten. Einige Male erhielt ich nach langem Hin und Her die Nachricht: Ach, Greta, hättest du das doch gleich gesagt, das ist ja ganz einfach zu lösen.

Meine Begeisterung verlieh mir Flügel, es war kein bisschen anstrengend, sondern ein tolles Abenteuer. Immer öfter machte es Klick bei mir, ich wurde immer souveräner im Umgang mit der Technik und lernte, worauf es bei den Clips ankommt. Und auch auf meinem Kanal klickte es. Heute besuchen ihn täglich rund fünftausend Menschen. Ich bin Mutmacherin und Inspiration für Lebensfreude. Viele Follower schreiben mir, dass sie ganz automatisch davon ausgegangen seien, ein älterer Mensch hätte keinen Spaß mehr am Leben und wäre lieber jünger. An mir sehen sie, dass das nicht so sein muss.

Überraschenderweise schreiben mir sogar junge Leute, die ich zu Beginn niemals zu meiner Zielgruppe gezählt hätte. Aber junge Leute haben natürlich Eltern, die altern – und die Klugen unter ihnen wissen bereits jetzt, dass sie selbst auch einmal alt sein werden. Wer sich in jungen Jahren aufs Alter freut, investiert bestens in seine Zukunft.

Eines Tages rief mich mein jüngster Sohn an. »Mami! Hast du schon gesehen! Du hast über hunderttausend Klicks! Andere gehen mit sechsundsechzig in Rente, Greta geht ins Netz!«

Wer was erleben will, muss raus aus der Komfortzone. Wie das geht, erkläre ich in diesem Buch. Vor allem aber möchte ich mit den Bildern über das triste Alter aufräumen und darlegen, was wir selbst für unsere Lebensfreude tun können. Ich wünsche mir, dass es immer mehr Alte wie mich gibt, die morgens mit einem Kribbeln aufwachen und sich auf den Tag freuen.

Ja, manchmal habe ich mir sogar gedacht, am liebsten würde ich mich reif fühlen wie mit achtzig, dann wäre es ja noch toller! Und im Hinblick auf die Hundertzwanzig befände ich mich weiterhin in meiner Blütezeit.

Gelegentlich entdecke ich in den Augen eines Gegenübers eine gewisse Skepsis, vielleicht sogar das Vorurteil, bei mir sei eine Schraube locker. Ich würde es gern mal umdrehen und fragen: Wenn es allgemein bekannt ist und sogar wissenschaftlich erwiesen, dass Menschen altern und jeder eines Tages sterben wird, haben dann nicht eher diejenigen eine Schraube locker, die ewig jung bleiben wollen? Und ist das auf Dauer nicht langweilig? Ich weiß doch, wie es sich anfühlt mit zwanzig, dreißig, vierzig, fünfzig und auch sechzig. Das kenne ich zur Genüge. Jetzt ist Neuland. Jetzt ist spannend. Aber um das zu erleben – ich möchte fast sagen, um zu wagen, es zu erleben –, muss man sich von einigen festgefahrenen Vorurteilen und Gewohnheiten trennen. Mit siebzig haben wir unsere Jobs in der Arbeitswelt gekündigt. Wie sieht es mit den Jobs im Privatleben aus? Selbst kündigen ist immer besser, dann hat man sein Leben in der Hand. Und darauf kommt es an. Selbstbestimmt leben, tun, was man möchte, was einem guttut.

Laut Statistik des Bundesinstituts für Bevölkerungsforschung hat eine heute fünfundsechzigjährige Frau noch einundzwanzig Jahre vor sich – rein statistisch betrachtet. Ich für mich habe deutlich mehr vor. Die Frage ist: Will diese Musterfrau das letzte Drittel absitzen? Oder will sie noch mal abheben? Leben!!!

Aus vielen Gesprächen weiß ich, dass nicht wenige Männer nach der Rente »in ein Loch fallen«. Wir Frauen sind weniger gefährdet, da wir daran gewöhnt sind, ständig etwas für andere zu tun. Das ist nun mal so, wenn man in einer Familie lebt.

Mama macht das schon. Diese Rolle habe ich inzwischen abgelegt. Meine Kinder sind erwachsen. Nun gehe ich weiter in meinem Leben. Viele Frauen verharren in der Familienrolle. Das kann auch eine ganz wunderbare Aufgabe sein, wenn man es selbst so entscheidet. Doch wenn man gern etwas anderes machen möchte und trotzdem auf die Enkel aufpasst, für den Sohn bügelt, Botengänge für die Tochter erledigt, dann stimmt etwas nicht. Dass ich diesen Automatismus durchbrechen konnte, liegt daran, dass ich im Alter von knapp dreißig Jahren einem großen Geheimnis auf die Spur kam.

Kurz bevor ich zum ersten Mal Mutter wurde, erkannte ich, dass es Geheimverträge gibt, und kündigte einen der einflussreichsten. Bis dahin hatte ich mein Glück in die Hände anderer gelegt. Meine Eltern waren scheinbar dafür verantwortlich, meine Lehrerinnen und Lehrer, meine Spielkameraden und Kollegen und später mein Traummann. Nach der Hochzeit hatte ich es für seine Pflicht gehalten, mich glücklich zu machen. War das nicht die Aufgabe eines Ehemannes? Eines Tages begriff ich, dass dieses Glückskonzept nicht funktionierte. Keiner fühlte sich für mein Glück zuständig. Im Lauf meines Lebens kam ich weiteren Geheimverträgen auf die Spur, deren Auflösung mich immer freier machte – eine Voraussetzung, das Alter zu genießen.

Ich selbst bin für mein Glück zuständig, keiner wird sich vor mich hinstellen und sagen: Greta, ich mach jetzt dein Leben schön. Ich allein trage die Verantwortung für mein Leben, wenn ich glücklich sein will, und auch einen Teil der Verantwortung für das Gelingen meiner Beziehungen. Am Anfang ahnte ich nicht, wie viele Geheimverträge ich am Laufen hatte und dass auch andere welche mit mir abgeschlossen hatten. Mit der Zeit habe ich einige solcher Verträge entlarvt, und jede Loslösung hat mich ein Stück weiter befreit. Der neue Vertrag, den ich mit mir selbst geschlossen habe, ist unaufkündbar. Ich will mir selbst treu sein, will schöne, gute Dinge tun und andere Menschen zur Lebensfreude inspirieren.

Auch dich! Darf ich dich duzen? Ich bin Greta. Willkommen in meiner Welt!

Wie ich der Macht der Gedanken auf die Spur kam

Mit siebenundzwanzig Jahren und nach drei glücklichen Ehejahren beschloss ich, dass jetzt der richtige Zeitpunkt für Kinder sei. Mein Mann Johannes und ich waren beide berufstätig, wir hatten gespart und es gewagt: Ein Haus am Stadtrand von Hamburg gehörte uns, nun ja, ein bisschen. Wir würden den Kredit auch mit einem Gehalt langfristig tilgen können. Und das war der Plan, einer musste schließlich zu Hause bleiben und sich um Kind und Kegel kümmern. Da ich als Sekretärin weniger verdiente als Johannes, der in einem kaufmännischen Beruf tätig war, würde diese Rolle mir zufallen. Ach, wie freute ich mich auf unser erstes Kind! Ich, nein *wir* wollten nicht länger warten. Wir hatten ein bisschen was von der Welt gesehen, viel gelacht und Zukunftspläne geschmiedet, und in langen Nächten hatten wir uns unsere Träume anvertraut. In unserem neuen Haus, das in Wirklichkeit ein altes Haus war, gab es bereits ein Kinderzimmer. Es stand nur ein Gästebett darin. Ich wollte den Raum gern leer lassen, und es war schön, daran vorbeizugehen und zu wissen: Bald wird dort mein Kind schlafen und spielen und lachen und hoffentlich glücklich sein, so wie ich es als Kind sein durfte. Da ich im Freun-

dinnenkreis einige üble Geschichten über Schwangerschafts-
erbrechen gehört hatte, setzte ich die Pille erst nach unserem
Kurzurlaub am Meer ab. Johannes war oft auf Dienstreise, und
ich wollte die gemeinsamen Tage uneingeschränkt genießen
können. Dies wäre unser letzter Urlaub zu zweit. Dass ich
mich täuschen könnte, zog ich nicht in Betracht. Natürlich
würde ich sofort schwanger werden, das war doch normal.
Man war bereit für ein Kind, und dann bekam man es. Bei allen meinen Freundinnen und Bekannten war es so gewesen.
Und außerdem ging bei mir immer alles flott.

Oder?, fragte ich mich, als ich nach zwei, drei, vier Monaten noch immer nicht schwanger war. Von Monat zu Monat
wurde meine Enttäuschung heftiger. Wo blieb unser erstes
Kind? Schließlich hatten Johannes und ich noch weitere geplant, insgesamt sechs sollten es werden, eine fröhliche, bunte,
trubelige Familie. Ich selbst war mit zwei Schwestern groß geworden, mein Mann hatte eine Schwester, und wir waren uns
im Rückblick einig, dass wir durchaus weitere Geschwister
vertragen hätten.

Je mehr Zeit verstrich, desto unsicherer wurde ich und vertraute mich schließlich meiner älteren Schwester an. Sie lud
Johannes und mich nach Peru ein, wo sie schon eine Weile
lebte, denn: »Hier wird jeder schwanger!« Der Urlaub war
schön, wenn auch ein bisschen angespannt, denn wir waren ja
hier, um ein Ziel zu erreichen. Wieder zu Hause musste ich
feststellen, dass ich wohl eine Ausnahme bildete. Auch in Peru
hatte es nicht geklappt. Allmählich setzten sich – anstatt eines
neuen Menschen – immer mehr negative Gedanken in mir
fest. Was, wenn es nichts wird mit der großen Familie?, fragte
ich mich bang – und schob diesen Gedanken gleich wieder
weg. Es würde schon klappen! Aber es klappte eben nicht, und

so hörte ich mich nach einem Frauenarzt für schwierige Fälle um. Der Fachmann war schneller gefunden als des Rätsels Lösung, denn auf den ersten Blick waren mein Mann und ich gesund. Und auch auf den zweiten und dritten. Am Ende vieler Untersuchungen bekam ich den Rat: »Entspannen Sie sich, und beschäftigen Sie sich am besten nicht mit dem Kinderthema.«

Die Macht der Gedanken

An diese Zeit denke ich als heute dreifache Großmutter manchmal zurück. Denn damals erfuhr ich etwas sehr Entscheidendes: die Macht der Gedanken. Ich glaubte, mein Körper würde mir ein Schnippchen schlagen, indem er nicht schwanger wurde, obwohl doch alles in Ordnung war. In Wirklichkeit war es mein Kopf, der mir dieses Schnippchen schlug. Doch bis ich all das klar zuordnen konnte, vergingen Jahre, mehr noch: Jahrzehnte. Und das finde ich so unglaublich spannend am Alter: dass man sogar in seiner Vergangenheit ständig neue Schätze entdeckt. In jedem Lebensalter beurteilt man die Dinge anders. Vieles, was man früher irgendwie schon wusste, trägt erst im Alter Früchte. In der Jugend setzen wir die Samen, im Alter ernten wir. Es gibt wohl kaum einen Menschen, der nicht ahnt oder weiß, dass man mit seinen Gedanken viele Situationen beeinflussen kann. Dazu ist in den letzten Jahren intensiv geforscht worden. Wenn ich etwas Positives erwarte, bereite ich Positivem den Boden; erwarte ich etwas Negatives, erhöhe ich die Wahrscheinlichkeit, dass es eintrifft. Heute weiß ich allerdings, dass manche auf den ersten Blick eher negativen Dinge sich durchaus positiv entfalten können, wenn ich prinzipiell an das gute Gelingen glaube und daran, dass in allem, egal, was es ist, ein guter Kern steckt. Ich hätte damals nichts finden können, was gut daran sein sollte, dass ich nicht sofort schwanger wurde. Heute weiß ich das jedoch ganz genau und bin deshalb unendlich froh, dass es mit meinem Kinderwunsch nicht gleich klappte. Sonst hätte ich womöglich etwas versäumt, das mein Leben maßgeblich geprägt hat. Und wer weiß, ob meine Kinder dann so froh mit ihrer Mutter geworden wären ...

Früher wurden Positiv-Denker belächelt, heute weiß man, dass sie recht haben. In keinem Marketing- oder Management-Training fehlt das positive Denken, wenngleich es anders heißen mag; häufig trägt es ein englisches Gewand: think positive, self-fullfilling prophecy. »Jeder ist seines Glückes Schmied« wäre ein wenig altbacken, oder? Ein Spruch aus dem Talmud ist noch älter und bringt es wunderbar auf den Punkt. Ich bin sicher, dass ich diesen Aphorismus schon als junge Frau gelesen habe, doch erst in einem reiferen Alter konnte ich seine tiefere Weisheit erkennen.

Achte auf deine Gedanken, denn sie werden Worte.
Achte auf deine Worte, denn sie werden Handlungen.
Achte auf deine Handlungen, denn sie werden Gewohnheiten.
Achte auf deine Gewohnheiten, denn sie werden dein Charakter.
Achte auf deinen Charakter, denn er wird dein Schicksal.

Ich kann mir Schönes also nicht nur gedanklich wünschen, sondern es auch aussprechen und dadurch in die Welt setzen. So kann ich mich motivieren, dafür zu arbeiten, damit es eintrifft und nichts Außergewöhnliches mehr ist, sondern automatisch abläuft und sich tief in mein Wesen, meinen Charakter einprägt, was mein Schicksal bestimmt.

Klingt logisch? Finde ich auch! Ich glaube, dass ich die Weisheit dieses Aphorismus mit meiner positiven Lebenseinstellung intuitiv beherzigt habe. Aber das ist nichts Besonderes, wir alle tun oft Dinge »aus dem Bauch heraus«, ohne darüber nachzudenken. Eine gute Bekannte erzählte mir einmal, dass sie seit Jahren auf einem Bein stehend Zähne geputzt habe; sie war begeistert, als sie genau diesen Tipp von einem Professor in einer Gesundheitssendung im Fernsehen hörte. So ähnlich erging es mir mit dem Konzept der Gedankenkontrolle. Als ich die Macht der Gedanken voll umfänglich erfasste, merkte ich, dass ich schon seit meiner Kindheit intuitiv auf positive Gedanken setzte. Für mich war das berühmte Wasserglas immer halb voll, und deshalb fiel mir vieles im Leben leicht. Ich muss allerdings jetzt gleich einmal etwas gestehen: Ich schaue nicht oft in die Vergangenheit. Meine Gegenwart ist mir viel zu wertvoll – und natürlich die Zukunft. Ich habe so viele Pläne, was ich alles verwirklichen möchte, und ständig kommen neue Projekte hinzu. Es trifft mich nicht mehr so wie früher, wenn einmal etwas nicht klappt. Ich bin viel gelassener – ach, wie schön ist das Alter, das Leben, ich kann es gar nicht genug lobpreisen!

Doch das war nicht immer so. Ich erlebte zwei schwere Krisen, eine beim frühen Tod meines Vaters, die andere war mein unerfüllter Kinderwunsch, der mich bis in meine Grundfesten erschütterte, da ich mir so sehr Kinder wünschte und mir ein Leben ohne sie gar nicht vorstellen konnte. Und es auch nicht wollte. Aber wie bleibt man in so einer scheinbar ausweglosen Situation positiv gestimmt? Es lag ja nicht in meiner Hand. Trotzdem konnte ich handeln, indem ich einen Plan B ins Auge fasste. Ich hätte auch noch einen Plan C geschmiedet und immer weiter, bis Z würde wohl irgendetwas geklappt haben. Ich weiß, dass es Menschen gibt, die nicht mal einen Plan B in Erwägung ziehen würden. Ich finde das in Ordnung – solange sie das später nicht bereuen oder vergessen, dass es diese Möglichkeit gegeben hätte. Gerade im Alter lauert die Gefahr, dass man verpasste Gelegenheiten beklagt und in eine Jammerschleife gerät. Die ist übrigens ganz einfach zu beenden: mit einer Schere. Das habe ich selbst einmal ausprobiert, als ich in einer solchen Gedankenschleife Karussell fuhr. Mein Blick fiel auf die Spüle, wo die Schere lag. Warum nicht? Ich stellte mir meine Gedankenschleife vor, visualisierte sie als breites graues Band, und – schnipp. Ich war selbst so überrascht von dieser völlig absurden Tat, dass ich lachen musste, und das vertrieb die letzten Fasern der negativen Gedanken. Dafür ist das Leben viel zu schade! Und es bringt ja nichts, etwas, das man nicht möchte, ständig zu wiederholen. Oder doch, es bringt schon etwas: Man erhöht die Wahrscheinlichkeit, dass das, was man vermeiden möchte, eintritt. Als ich trotz meines sehnlichen Wunsches nicht schwanger wurde, stemmte ich mich mit aller Kraft gegen den Gedanken, dass ich niemals Mutter werden könnte. Das wollte ich einfach nicht zulassen – und im Alter von dreißig hatte ich ja auch noch Zeit. Darauf konzentrierte ich mich. Und auf Plan B.

Champagner vor Silvester

Unser Plan B hieß – es wird niemanden überraschen – Adoption. Nach rund zwei Jahren Wartezeit auf das eigene fragten wir uns, ob wir ein »fremdes« Kind annehmen und lieben könnten. Gewissenhaft beleuchteten wir die Frage von allen

Seiten. Als wir sie beide bejaht hatten, kümmerte ich mich um den Papierkram und recherchierte das langwierige Adoptionsverfahren. Und dann blieb meine Regel aus. Im Gegensatz zu den vielen Monaten davor, wo mich das sofort in helle Aufregung versetzt hätte, nahm ich es erst einmal zur Kenntnis. Ich hatte zwei lange Jahre des Hoffens und Bangens hinter mir und traute der Sache noch nicht so recht. Doch die Anzeichen mehrten sich, und mein Gynäkologe bestätigte schließlich meinen herrlichen Verdacht. Als ich aus der Praxis nach Hause kam, wartete Johannes in der Einfahrt auf mich. Neben sich, ich traute meinen Augen kaum, hatte er ein kleines Tischchen aufgebaut mit weißer Tischdecke, Sektgläsern und Champagner. So etwas konnte wirklich nur ihm einfallen! Mein Traummann war so witzig, übermütig, jungenhaft. Ich liebte seine verrückten Ideen. Und sein Lachen, ach, einfach alles. Johannes war mein großes Glück. Mit ihm war alles leicht und froh und unbeschwert. Obwohl er fünf Jahre älter war als ich, hatte er jede Menge Flausen im Kopf. Dennoch fühlte ich mich sicher und geborgen bei ihm, und er ließ nie einen Zweifel daran, dass ich seine Traumfrau war. Überglücklich feierten wir unsere zukünftige Elternschaft, wobei die werdende Mutter nur ein kleines Schlückchen trank. Bloß nichts riskieren.

Nachdem ich bei den regelmäßigen Untersuchungen stets hörte, dass alles bestens verlaufe, entspannte ich mich. Doch in der zwölften Woche – noch dazu an Silvester – bekam ich mittags plötzlich Bauchschmerzen und nachmittags eine leichte Blutung. Mein Frauenarzt, den ich sofort anrief, verordnete eine Wärmflasche und Bettruhe. Aber es wurde nicht besser, und als der Arzt mich abends noch einmal anrief und hörte, wie es mir ging, bat er mich, sofort in seine Klinik zu kommen. Wenn ich den Rettungsdienst verständigt hätte, wäre ich in das nächstgelegene Krankenhaus gebracht worden. Ich aber wollte zu meinem vertrauten Arzt. Johannes hatte bereits zwei Gläser Wein getrunken. Bei der Taxizentrale war ständig belegt, kein Wunder an Silvester. Ich hatte keine Wahl, setzte mich ins Auto und fuhr gekrümmt in die Klinik. Zwei Tage danach verließ ich sie. Ohne mein Baby. Alles in mir schrie, mein Körper, mein Herz, meine Seele.

Die folgenden Tage und Wochen gehören zu den dunkelsten meines Lebens. Ich weinte sehr viel und fühlte mich elend, fast mutlos, ein Zustand, der mir neu war. Waren es wieder meine Gedanken, die da etwas in meinem Körper bewirkt hatten? Was lief da ab in meinem Kopfkarussell? Ich wagte es, meine Grundüberzeugung infrage zu stellen: Brauchte ich wirklich Kinder für mein Glück? Was bedeutete Glück für mich? Woher kommt es, und wer ist dafür verantwortlich? In meiner tiefen Traurigkeit suchte ich nach Erklärungen, so war es schon immer gewesen: Wenn ich etwas in Worte fassen konnte, lichtete sich der Nebel. Und sobald ich wieder klar sah, konnte ich handeln.

Mein erster entlarvter Geheimvertrag

Ich war geschockt, als ich mir auf die Schliche kam. Hinter dem Rücken meiner liebsten Menschen hatte ich Geheimverträge mit ihnen abgeschlossen, ohne dass sie etwas davon wussten. Ich hatte ihnen die Verantwortung für mein Glück übertragen und auch die Schuld für mein Unglück zugewiesen. Sie bestimmten darüber, ob ich glücklich oder unglücklich war. In diesem Falle sogar ein ungeborenes Kind, dem ich die Verantwortung für mein Glück hatte aufbürden wollen. Kein Wunder, dass es unter diesen Umständen wenig verlockend war, zur Welt zu kommen. Ich musste erst einmal für mich alleine sorgen, um dann etwas geben zu können, anstatt etwas bekommen zu wollen.

Diese Anspruchshaltung hatte ich vermutlich aus meiner Kindheit unbemerkt ins Erwachsenenleben transportiert. Meine Kindheit auf dem Bauernhof verlief unbeschwert und glücklich. Ich fühlte mich geliebt, beschützt, und meine Tage waren ein einziges wundervolles Abenteuer. Die Menschen um mich herum freuten sich, wenn ich mich freute, und taten alles, damit es mir gut ging. Irgendwie war es immer selbstverständlich gewesen, dass alle mein Bestes wollten. Ich möchte aber auch anmerken, dass ich ziemlich leicht zu beglücken war. Ein Ausflug mit meinen Schwestern in den Wald, mit leeren Schuhcremedosen im Bach Bötchen fahren, neugeborenen Kälbern meine Kinderhand in den Mund stecken und kichern, wenn sie mich mit ihrer rauen Zunge kitzelten. Meine Nase tief in die Mähne eines Pferdes stecken und der Samtlippe eine Karotte reichen. Und natürlich die Katzen. Jedes Kind hatte seine eigene, und ich fuhr meine Maunzi im Puppenwagen spazieren. Das genügte mir schon zum Glücklichsein. Genauso schnell aber ließ ich auch den Kopf hängen. Bekam ich eine schlechte Zensur oder wollten meine älteren Schwestern einmal etwas ohne mich unternehmen, war ich traurig. Und natürlich fand ich sie dann doof. Ich bewertete meine Umgebung danach, wie sie mich behandelte. Ein Lehrer bemängelte einmal die Länge eines meiner Deutschaufsätze und gab mir eine Vier. Ich war empört und regte mich darüber auf, dass er wohl zu faul wäre, meine ausführliche Behandlung des Themas zu lesen. Der Deutschlehrer in der nächsten Klasse belobigte mich für die Ausformulierung meiner Gedanken, und ich erhielt eine Eins. Selbstredend war er der tollste und kompetenteste Lehrer der Welt. Ich bin ihm heute noch dankbar, weil er meine kleine Schreiberseele wieder aufpolierte.

Ich konnte damals nicht erkennen, dass ich abhängig von der Beurteilung anderer war. Die Note Vier oder die Note Eins hatten Macht über mein Leben. Nun ist das erst einmal nichts Ungewöhnliches, so geht es vielen Menschen. Entscheidend ist, wie stark uns solche Beurteilungen beeinflussen – bis zur Abhängigkeit von der Meinung anderer.

Eine gute Freundin von mir, die seit Jahren mit der Waage kämpft, erzählte mir einmal, dass sie morgens bestens gelaunt aufstehe, sich wunderbar, sexy und unwiderstehlich fühle, dann steige sie auf die Waage, sehe die Zahl, und alles sei aus. Der eben noch strahlende Morgen kippe in ein tristes graues Nichts. Wie kann eine Zahl eine solche Macht entwickeln, und wer gestattet dies? Wir selbst – indem wir die Zahl mit einer Bedeutung aufladen, die ihr nicht gebührt und die uns auch nicht guttut! Wer ist bitte verantwortlich dafür, wie ich mich fühle? Meine Waage? Mein Deutschlehrer? Meine Schwester? Mein Chef? Mein Nachbar? Mein Ehemann? Nein, auch er nicht. Und erst recht nicht das Kind, das wir uns wünschten und nicht bekamen. Das erkannte ich im Alter von dreißig Jahren. Und es war kein schöner Moment, da in gewisser Weise das Fundament meines Lebens einkrachte. Ich hatte auf Sand gebaut. Doch diese Erkenntnis allein verschaffte mir noch keinen festen Boden unter den Füßen, sie war nur der erste Schritt. In Zukunft kam es darauf an, diese wichtige Einsicht zu beherzigen, in allen Bereichen meines Lebens wachsam zu bleiben, damit ich Geheimverträge frühzeitig entlarven konnte und ihnen nicht auf den Leim ging. Dass ich mir damit eine Lebensaufgabe bescherte, konnte ich erst nach und nach erkennen, denn zuerst einmal stand die Trauer darüber im Vordergrund, dass ich selbst für mein Glück und mein Leben verantwortlich sein sollte.

Komfortzone ade

In der Übergangszeit fühlte ich mich verlassen, unglücklich, völlig aus der Bahn geworfen. Ich krachte zum ersten Mal hart an die Begrenzungen der Komfortzone. Es ist schon verrückt. Wir wissen, dass wir etwas ändern sollten, doch es türmt sich wie ein Bergmassiv vor uns auf. Wo sollen wir anfangen? Es scheint keinen Einstieg zu geben. Also lassen wir es bleiben.

Ja, die Verlockung war groß. Aber wenn ich einmal etwas durchschaut habe, kann ich nicht zurück in die Komfortzone. Dann will ich es wissen und neue Wege ausprobieren. Sicher wäre es höchst angenehm gewesen, in die alte Gewohnheit zurückzukehren, doch ich hatte sie ja als Scheingeborgenheit entlarvt, und ich hätte mich selbst belogen, wenn ich weiterhin in dieser rosaroten Blase geschwappt wäre, in der ich darauf wartete, dass mich mein Mann, meine Freundinnen, meine Mutter, meine Kollegen, Nachbarn und mein Chef fragten: Greta, was kann ich tun, damit du glücklich bist? Welche Termine darf ich heute in deinen Kalender eintragen? Welchen Wunsch darf ich dir von den Augen ablesen? Was tut dir gut? Wie kann ich dir einen schönen Feierabend gestalten? Möchtest du vielleicht in die Sauna oder mit einer Freundin ins Kino? Was darf ich für dich anrichten?

Ich selbst musste mein Leben gestalten und dekorieren, und dazu musste ich einiges richtigstellen.

Ich zog mich auf eine Art Beobachterposten zurück und erkannte, dass meine Lieben sich zwar freuten, wenn ich fröhlich war, aber dass sie nicht unbedingt etwas dazu beitragen wollten, vor allem nicht, wenn es ihre eigenen Pläne durchkreuzte. Erleichtert nahm ich zur Kenntnis, dass ich selbst ziemlich oft aus mir heraus fröhlich war. Ich hielt mich lieber in Gegenwart von Menschen auf, denen es gut ging. Spürte ich, dass dem nicht so war, machte ich mir Gedanken, wie ich sie heiterer stimmen könnte, und bekam womöglich ein schlechtes Gewissen, wenn es mir nicht auf Anhieb gelang. Der nächste Geheimvertrag, den ich entlarven sollte, warf seine ersten Schatten: das schlechte Gewissen. Darum würde ich mich später kümmern. Zuerst einmal musste ich mir mein Glück zurückholen.

Ich adoptiere mich selbst!

Was ich hier kurz zusammenfasse, dauerte eine Weile, bis es wirklich in meinem Allerinnersten angekommen war: Ich selbst trage die Verantwortung für mein Glück.

Diese Erkenntnis bedeutete grenzenlose Freiheit. Wenn ich selbst mein Glück, mein Leben gestaltete, war ich unabhängig von meinem Umfeld. Ich würde andere auch nicht mehr unter Druck setzen mit meinen Erwartungen, die ich vielleicht gar nicht ausgesprochen hatte und die dennoch spürbar waren. Wenn ich nicht mehr abhängig von der Zuwendung anderer war, wäre das, was sie mir entgegenbrachten, auch viel schöner. Es wäre dann nämlich keine Versorgung einer Bedürftigen, sondern ein Geschenk. Dies würde die anderen erleichtern, weil ich nicht mehr unbewusst von ihnen verlangte, dass sie für mein Wohlbefinden sorgten. Wir alle wären freier. Es war also kein bisschen egoistisch von mir, wenn ich mich um mein Glück kümmerte, ganz im Gegenteil: Es würde die anderen ebenfalls glücklicher machen, und ich selbst konnte mehr für andere tun, wenn es mir aus mir selbst heraus gut ging. Denn wie sollte ich anderen Freude bereiten, solange ich selbst in den Seilen hing? Nur wenn meine eigenen Energietanks gefüllt sind, kann ich andere unterstützen. Bei einer Notsituation im Flugzeug erscheint uns das selbstverständlich: Setzen Sie erst Ihre eigene Sauerstoffmaske auf und helfen Sie danach den anderen.

Gegenspionage

Eines Tages entdeckte ich, dass nicht nur ich Geheimverträge mit anderen ohne deren Wissen abgeschlossen hatte, sondern dass andere auch mit mir Geheimverträge am Laufen hatten. Sie machten mich genauso für ihr Glück verantwortlich, wie ich es getan hatte. Zum Teil waren es dieselben Vertragspartner, zum Teil neue, die erwarteten, dass ich dies und jenes für sie tun sollte. Sobald ich mich verweigerte, drohten sie mir, ohne es auszusprechen, mit einer schwarzen Wolke schlechten Gewissens. Was waren das nur für hochkomplexe Verwicklungen! Wie sollte ich das alles jemals auseinanderklamüsern? Ich selbst konnte zwar meine eigenen Geheimverträge entschlüsseln, doch was andere vielleicht von mir erwarteten, basierte auf meinen Vermutungen, mochte also fehlerhaft sein.

Mir war schon ganz schwindlig! Ich machte einen klaren Schnitt, ging zurück zur Ausgangsposition, zur einzigen, über die ich überhaupt eine Aussage treffen konnte – zu mir selbst. Es gab lediglich eine Lösung für all diese Verkettungen: die Verantwortung für mein Leben zu übernehmen, Klarheit in meinem Leben zu schaffen. Was sich daraus bei anderen entwickeln würde, lag nicht in meiner, sondern in ihrer Verantwortung. Der Vorsatz allein brachte natürlich noch keine Veränderung. Es brauchte Zeit, bis ich mich in der neuen Klarheit wohlfühlte. Doch viele Kleinigkeiten zeigten mir immer wieder, dass ich auf dem richtigen Weg war. Schließlich schmunzelte ich nur noch, wenn mir beispielsweise mein Mann sagte: »Du siehst ein wenig erschöpft aus, ich glaube, du arbeitest zu viel«, um Minuten später mit einer neuen Bitte an mich heranzutreten, was ich für ihn erledigen sollte.

Allmählich trug mein verändertes Verhalten Früchte. Ich bin unendlich dankbar, dass diese den Verlauf meines weiteren Lebens prägende Erkenntnis vor der Geburt meiner Kinder geschah. So bürdete ich ihnen niemals die Last auf, für mein Glück verantwortlich zu sein. Und ich konnte sie gezielt darin bestärken, ihren eigenen Lebensweg zu gehen und sich ihr eigenes Glück zu suchen, unabhängig von den Erwartungen ihrer Eltern, den ausgesprochenen und unausgesprochenen. Meine Rolle war die einer Impulsgeberin, und darüber bin ich sehr dankbar. Aber auch wenn es meine Fantasie übersteigt, mir vorzustellen, wie es wäre, keine Kinder bekommen zu haben, bin ich sicher, dass ich nicht verzagt wäre. Wie auch! Hielt ich doch mein Glück in der eigenen Hand. Und ich bin dem Himmel über alle Maßen dankbar für das wundervolle Geschenk von drei gesunden Kindern.

Rundum-Fürsorge-Vertrag kündigen

Wie viel an diesem ersten entlarvten Geheimvertrag hing, erschloss sich mir erst nach und nach. Die Ähnlichkeit mit weit verzweigten Briefkastenfirmen und einem undurchsichtigen Netz aus Scheinfirmen drängte sich förmlich auf. Immer wieder stieß ich auf neue Paragrafen, Sonderklauseln und Zusatzvereinbarungen. Als Mutter und Ehefrau war ich natürlich für die Gesundheit der Familie zuständig, das gehörte zur Rolle.

Eines Tages hatte mein Mann wieder einmal rasende Kopfschmerzen.

»Hast du genug getrunken?«, fragte ich ihn.

Nein, hatte er nicht. Schnell lief ich in die Küche, holte ein Glas Wasser und rannte ihm, dem Armen, in den nächsten zwei Stunden mit einer Karaffe Wasser hinterher. Irgendwann zwischen Küche und Wohnzimmer fiel es mir wie Schuppen von den Augen: War ich eigentlich bescheuert? Lag es in meiner Verantwortung, ob mein Mann genug Wasser trank? Ich kenne Frauen, die würden das bejahen, weil ein schlecht gelaunter Mann ihnen den Tag verdirbt. Aber sprechen wir hier von Männern oder Kindern?

Bist du warm genug angezogen, hast du den Schlüssel dabei, gönnst du dir auch mal eine Pause, hast du deine Tablette genommen? Wer für eine Familie sorgt, lässt allen Rundum-Fürsorge angedeihen und vergisst darüber gern sich selbst. Eines Tages erkannte ich, dass ich mich um alle gekümmert hatte, nur nicht um mich. Was für eine Erleichterung war es, als ich diesen Job bei den Erwachsenen kündigte. Seither habe ich immer wieder die Erfahrung machen dürfen, dass Vertragskündigungen nichts Schlimmes sind, sondern im Gegenteil, dass man mit aufgelösten Verträgen viel freier und fröhlicher in der Gemeinschaft lebt. Denn wenn man ständig etwas für andere tut, erzieht man sie zur Unselbstständigkeit und erschwert ihnen eigene Erfahrungen. Ich bin für mich verantwortlich, die anderen sind für sich verantwortlich. Ich bin nicht für die Gesundheit anderer zuständig, denn damit greife ich auf Dauer meine eigene Gesundheit an, und dann kann ich mich weder um mich noch um die anderen kümmern.

Ich hatte das Ei des Kolumbus gefunden! Dieser Befreiungsschlag setzte unglaubliche Energien in mir frei. Ich war wieder handlungsfähig.

Heute glaube ich, dass ich mit dieser Erkenntnis der Verantwortung für mein eigenes Leben den letzten wichtigen Schritt in der Trauerarbeit um meinen früh verstorbenen Vater leistete. Vielleicht musste ich das abschließen, bevor ich selbst Mutter wurde. Ein Jahr nach der Entlarvung meines ersten Geheimvertrages hielt ich staunend, überglücklich und zutiefst dankbar meinen ersten Sohn im Arm. Nach zwei Jahren durfte ich dieses große Glück mit meiner Tochter erleben und nach fünf Jahren mit meinem zweiten Sohn. Und damit war unsere Familie komplett. Anders als geplant und wunderbar.

Sorgen und Ängste
sind lediglich ungesunde
Faltenbeschleuniger

Dass mit Kindern nicht nur Freude einzieht, lernte ich schnell. Durchfall, Tränen, Masern, aufgeschlagene Knie und alles wieder von vorne. Der schlimmste Kummer blieb mir jedoch erspart, denn ein Einbruch, der niemals stattfand, kurierte mich mit einem Schlag von den meisten Ängsten der Zukunft. Und das kam so:

Vor der Geburt meines ersten Kindes, Johannes war auf Dienstreise, wachte ich eines Nachts von einem entsetzlichen Knall auf. Mein Herz schlug wie verrückt, ich stand förmlich im Bett und spürte das Adrenalin durch meinen Körper zischen. Einbrecher! Was tun? Das Telefon befand sich im Wohnzimmer. Über den Balkon fliehen? Pfefferspray oder eine Waffe hatte ich im Schlafzimmer nicht zur Hand, und ob ich es wagen würde, dem Einbrecher mit einem Messer zu begegnen? Welche Waffe hatte er überhaupt dabei? Elektroschocker, Schlagstock, Revolver? Hatte ich nicht neulich etwas gelesen von einem Hammer-Mörder? Vor Angst schlugen meine Zähne aufeinander. Ich versuchte zu lauschen, doch in meinen Ohren rauschte das Blut, und ich hörte mein Herz dröhnend schlagen. Mit schlotternden Knien stieg ich aus dem Bett und schlich zur Tür. Aufreißen und brüllen? Meine Hand war schweißnass. Ich legte ein Ohr an die Tür und hörte nichts. Doch lieber hierbleiben und warten? Der Einbrecher würde das Wohnzimmer durchsuchen und schnell merken, dass bei uns nicht viel zu holen war.

Ich weiß nicht, wie lange ich auf nackten Sohlen vor der Tür stand, bis ich es zurück ins Bett wagte, wo ich angespannt lauschend und steif wie ein Brett liegen blieb, die Decke hochgezogen bis zum Kinn. Gegen Morgengrauen schlief ich endlich ein. Bei Tageslicht wagte ich es, das Schlafzimmer zu verlassen, um mich mit den Spuren des Einbruchs zu konfrontieren. Doch alles sah aus wie immer. Bis auf den Balkon. Dort war ein Brett umgefallen.

Brett vorm Kopf

Ich schämte mich. Ich lachte. Ich konnte es nicht fassen. Ich grübelte: Wie konnte ich mich von einem Brett bange machen lassen? Hatte ich denn … ein Brett vor dem Kopf? Ich sagte zu mir selbst: Stell dir das mal vor – du machst dich dein Leben lang verrückt, und es kommt keiner!

Ich spann den Gedanken weiter: Ich könnte mich ein Leben lang verrückt machen in der Erwartung des Schlimmsten. Wenn es aber nicht eintraf?

Und es ist ja auch nicht eingetroffen. Ich bin noch immer da, obwohl in meiner Jugend ein Dritter Weltkrieg bevorstand, der Wald starb und BSE die Menschheit bedrohte. Wenn man selbst kein Brett auf dem Balkon hat, gibt es überall Katastrophen im Überangebot, bei denen man sich bedienen kann, sobald man Sorgen und Ängste erleben will. Aber wer möchte das schon? Ich kenne niemanden, und dennoch sind solche Ängste weit verbreitet.

Angst ist ein Verkaufsinstrument der Presse, Politik und Wirtschaft. Nachrichten sind eine Ware, die verkauft werden soll. Das klappt vortrefflich mit der schillernden Darstellung möglicher Gefahren. Man nennt das auch den Teufel an die Wand malen. Doch den möchte ich nicht an meinen Wänden haben! Denn damit würde ich ihn womöglich noch einladen.

Schade, dass ich dem Einbrecher, den es nicht gab, nicht danken konnte. Er hatte mir etwas geraubt, das ich ihm gern freiwillig gegeben hätte: meine Ängste. Bis heute habe ich keine Angst mehr vor Einbrechern und zeige Katastrophenszenarien die kalte Schulter. Wenn ich jedoch merke, dass sich eine Krise zu manifestieren droht, kümmere ich mich darum. Aber nicht in vorauseilendem Angst-Gehorsam! Ich bin fest davon überzeugt, dass eine reale Bedrohung Kräfte in mir freisetzen würde, die ich mir in der Theorie gar nicht vorstellen kann. Diffuse Angst jedoch lähmt. Und damit bremst sie die Lebensfreude komplett aus. Mark Twain brachte es auf den Punkt. »Ich bin ein alter Mann und habe viel Schreckliches erlebt. Aber das meiste davon ist nie passiert.«

Auch bei lebensbedrohlichen Krankheiten im Umfeld schaffe ich es mit ganz viel Anstrengung, die beängstigenden Gedanken zu verdrängen. Ich meine wirklich »mit ganz viel Anstrengung«. Da möchte sich in meinem Kopf die ganze Palette breitmachen, was sie an Schlimmem nach sich ziehen könnten. Die düsteren Schreckensbilder zu vertreiben, empfinde ich manchmal geradezu als körperlich anstrengend. Mit aller Macht wollen sie sich in den Vordergrund schieben. »Nein, da schau ich jetzt nicht hin«, lautet meine Weigerung. Und es gibt ja auch andere Beispiele, dass nämlich eine Krankheit das Leben positiv verändern kann. Ich lebe diesbezüglich mit unglaublich viel Gottvertrauen: Wird schon gutgehen. Zwei bedrohliche Krankheiten in meinem nahen Umfeld gingen dann auch gut aus. Einmal stellte sich bei der Operation eine Fehldiagnose heraus, und beim anderen Mal heilte alles wieder, ohne einen körperlichen Schaden zurückzulassen. Ich war froh, mich keinem Schreckensszenario hingegeben zu haben, denn damit hätte ich die erkrankten Menschen geschwächt und ihnen mit meinen eigenen schlimmen Befürchtungen signalisiert, dass ich ihrer Kampfkraft, ihrem Vertrauen in das Leben nicht traute.

Ängste sind Luftschlösser, in denen es spukt

Ängste haben die Eigenschaft, sich zu tarnen. Sie führen alle möglichen Argumente an: Wenn das und jenes passiert, könnte noch dieses Schlimme hinzukommen, und dann ist der Ofen aus. Solche Beweisketten führt die Angst an. Ich will lieber wissen, wie positive Luftschlösser gebaut werden. Für beide architektonischen Leistungen benötige ich Energie, aber die negative Schilderung zieht mich runter, die positive baut mich auf. Und bestimmt ist mein positives Luftschloss mit seinen Türmchen und Zinnen hübscher.

»Stell dir mal vor«, sage ich zu jemandem, »wie toll das wird, wenn wir an dem See sind, bestimmt gibt es da einen Bootsverleih, und dann können wir …«

»Wart lieber mal ab«, werde ich da manchmal gestoppt.

Aber warum? Um einer Enttäuschung vorzubeugen? Dann gibt es eben keinen Bootsverleih, dafür aber etwas anderes!

Ich weiß natürlich, dass manche Menschen nicht gut mit solchen kleinen Enttäuschungen umgehen können. Doch für mich sind Luftschlösser ein wunderschönes Spiel, ja, ein Spiel. Leider werden negative Luftschlösser meistens als Tatsachen behandelt. Ganz schnell wird der schlimmste anzunehmende Fall so weitergegeben, als sei er schon geschehen. Seltsam, oder? Warum räumen wir dem Schlimmen diese Macht ein und nicht dem Schönen? Ja, ich weiß schon, das kommt von unserem Reptiliengehirn, das uns vor Gefahren schützen will. Aber vielleicht hat sich mal rumgesprochen, dass wir nicht mehr in Brackwasser leben, sondern mit Whirlpool. An irgendeiner Mauer las ich einmal das Graffito: »Wenn man mir beweisen kann, dass Angst die Zukunft positiv verändert, dann fang ich damit an, vorher nicht.« Ich danke dem unbekannten Verfasser für diesen treffenden Satz – ins Schwarze gesprüht sozusagen!

Irreale Ängste haben meiner Meinung nach nur negative Auswirkungen. Es gibt aber auch eine positive Angst, wenn sie uns nämlich vor einer realen Gefahr warnen möchte. Nun kann man durchaus nach dem Unterschied fragen, denn was der eine als irreal abtun mag, empfindet ein anderer als reale Bedrohung. Ein Beispiel hierfür ist die weit verbreitete Angst, vor anderen Menschen zu sprechen, einen Vortrag zu halten. Ich kenne einige Leute, die tausend Tode sterben, bevor sie eine Präsentation halten. Sie foltern sich regelrecht mit Bildern, wie sie einen Blackout erleiden, Powerpoint stürzt ab, sie stolpern auf der Bühne, die Stimme versagt, die Häme der Kollegen, der Blick des Chefs, das Mitleid der Lieblingskollegin. Und alle diese Vorstellungen manifestieren sich im Körper, der fühlt mit, der durchleidet das alles, und wenn es dann wirklich so weit ist, kann man nur darauf hoffen, dass einen die hohe Adrenalinausschüttung als brillanten Redner glänzen lässt! Genauso sollten wir versuchen, uns in unserer Vorstellung einer solchen Herausforderung zu nähern: indem wir visualisieren, wie gut der Auftritt gelingt, wie uns andere danach gratulieren, wie wir selbst voll und ganz zufrieden mit uns sind. Das hält die Angst in Schach.

Den negativen Gedanken kündigen

Menschen bezeichnen sich gern als Kopf- oder Bauchmenschen. Doch es ist ein Irrtum zu glauben, dass Gefühle schneller wären als Gedanken. Es mag zwar sein, dass wir schneller fühlen als denken, doch was wir daraus machen, hängt von der Bewertung dieser Gefühle ab, und diese legen wir geistig fest.

Würdest du nach einem Einbruch in deine Wohnung denken: Klasse, ich wollte sowieso einiges ausmisten, damit ich mir etwas Neues kaufen kann, dann wärst du nicht wütend wegen der dreisten Tat und der geraubten Gegenstände, ganz im Gegenteil. Die Einbrecher hätten dir einen Gefallen getan. Gefühle entstehen aufgrund eines mit früheren Gedanken geformten Musters. Jeder Mensch kreiert sein Muster nach seiner Herkunft und seinen Erfahrungen. Wir sind eine Mischung aus genetischem Code und Umwelteinflüssen.

Das Muster eines Pessimisten sieht anders aus als das des Optimisten. Auch wenn dies wie beschrieben ein Stück weit festgelegt ist, haben wir dennoch eine Wahl. Selbst denken ist anstrengender, als in der Komfortzone denken zu lassen. Aber selbst denken führt zu selbst leben, statt gelebt zu werden.

Ich entscheide mich jeden Tag viele Male bewusst, was ich denken möchte und was nicht, indem ich mich frage, was mich runterzieht und was mich aufbaut. Wieso soll ich meinen Kopf mit Gedanken beschmutzen, die mir nicht guttun? Das schwappt doch weiter aus dem Kopf hinaus und rein in den Körper, und dann kriege ich Verspannungen, nein, nein, nicht mit mir! Nun ist allerdings bekannt, dass Gedanken, die man nicht leiden kann, äußerst klebrig sind. Kaum schmeißt man sie vorne raus, kommen sie durch die Hintertür wieder herein. Dagegen gibt es leider kein schnell wirkendes Gegenmittel, nur Training: Immer wieder rausschmeißen, bis diese lästigen Gedanken eines Tages wirklich verschwunden sind und das Gehirn ein neues Muster ohne diese Störenfriede anlegt.

Wenn ich in einem extrem unangenehmen Gedankenkarussell gefangen bin, konzentriere ich mich auf etwas, was ich stattdessen lieber denke. Schöne Erinnerungen helfen mir schnell, an denen bleibe ich nur zu gern kleben, und wenn mir irgendwann später das Gedankenkarussell einfällt, ist es nur noch eine verblichene schwarz-weiße Ansichtskarte von einem Jahrmarkt um die vorletzte Jahrhundertwende. Sehr hilfreich ist es auch, mit allen Sinnen in eine wonnige Erinnerung hineinzukriechen und zu versuchen, die dazugehörigen Gerüche und Geräusche heraufzubeschwören. Wie fühlte sich die Sonne auf der Haut an und wie der laue Wind, und in welchem Rhythmus hat das Meer gerauscht, und wie haben die Grillen gezirpt, und welche Schuhe trug ich überhaupt, oder war ich barfuß, und wie hieß das Lied, das sie in der Strandbar gespielt haben ... So verliere ich mich in Details. Gedankenkarussell? Welches Karussell, hier gibt es doch keins. Genau!

Eine andere Möglichkeit, die Störenfriede loszuwerden, besteht darin, in die Zukunft zu reisen und sich auszumalen, was man tun wird, am besten im Erledigungsmodus, dabei sind wir ja meistens recht diszipliniert: Was schenke ich meiner Freundin zum Geburtstag, wo kann ich das besorgen, wie packe ich es ein, was schreibe ich auf die Karte …

Oft helfen uns auch unsere Hobbys und Leidenschaften aus dem Karussell negativer Gedanken. Wie ging noch mal das Rezept für diese sündhaft leckere Torte, ob man Weißmehl durch gemahlene Mandeln ersetzen könnte, und wie viele Takte hat das Klavierstück? Singen ist auch erlaubt, zum Beispiel den Refrain eines Lieblingsliedes, das macht sofort gute Laune. Und am wichtigsten: Bewegung und Sport, am besten an der frischen Luft – die gesündesten Killer von negativen Gedanken und depressiven Verstimmungen. Und wenn man einmal damit angefangen hat, möchte man gern immer mehr. Gleich und gleich gesellt sich gern, was auch für die positiven Gedanken gilt. Einmal gelächelt lässt das zweite Lächeln nicht lange auf sich warten!

Also sprich so oft wie möglich über Gutes und Schönes, damit es sich fortpflanzen kann. Erzähl weiter, wo du Glück gehabt hast, und wenn dir jemand eine Glücksgeschichte erzählt, freu dich mit ihm, und du wirst immer schneller froh gestimmt, es genügen dann kleine Impulse, weil es dir so leichtfällt, die Sonnenseite des Lebens zu sehen.

Ich weiß, dass sich das gleichermaßen banal und kompliziert anhört, aber sind nicht viele Lebensweisheiten aus diesem Garn gestrickt? Das Leben ist nun mal banal und kompliziert, und je nachdem, wie wir in den Wald hineinrufen, so schallt es heraus.

Versuche einmal, einen ganzen Tag lang nichts Negatives zu äußern, weder über das Wetter noch über dein Leben oder über das Leben der anderen – keine einzige negative Bemerkung. Denke ausschließlich Positives und staune, wie dein Gehirn diesen Faden aufnimmt und weiterspinnt, indem es dich mit positiven Bildern und Gedanken überflutet. Das ist auch sein Job. Es sucht aus seinem unglaublichen Fundus immer genau das heraus, was zu deiner Stimmung passt. Und wenn es dir gelingt, deine Stimmung zu wechseln, bekommst du auch andere Eindrücke vorgelegt. So ein Tag kann ganz schön lang sein, doch wenn du es geschafft hast, wird es dir am nächsten Tag schon leichter fallen, unbeschwert und frei durch deinen Alltag zu gehen – nein, zu tänzeln. Nach einer Woche wird sich viel verändert haben in deinem Leben!

Gedanken sind unsere Helfershelfer, sie können Freund oder Feind sein, das hat die Hirnforschung bewiesen. Oder wie Henry Ford es nannte: »Ob du denkst, du kannst es, oder du kannst es nicht: Du wirst auf jeden Fall recht behalten.« So machtvoll sind unsere Gedanken! Unser ganzes Leben beruht auf unseren Gedanken über das Leben.

Umso wichtiger ist es, dass du der Chef in deiner Schaltzentrale bist. Unser Gehirn arbeitet ein bisschen so wie eine Suchmaschine im Internet. Wenn du im Netz ständig nach Verschwörungstheorien suchst oder dir Kriminalitätsstatistiken und Verbrechen auf deinen Rechner lädst, schickt dir dein Gehirn, beflissen wie es ist, nach einer Weile von selbst solche Nachrichten aus diesem negativen Themenumfeld. Es sortiert sozusagen hinter deinem Rücken für dich aus, es will dir die Arbeit erleichtern und dich in deiner Meinung bestätigen. Frag dich doch einmal, welche Meinung dir guttut und dein Leben bereichert – dass die Welt schlecht ist und man am besten gar nicht mehr auf die Straße tritt, weil es da draußen so gefährlich ist? Oder dass die Welt gut ist und auf der Straße viele schöne Überraschungen auf dich warten? So setzt du mit deinen Gedanken eine Spirale in Gang, die entweder nach unten oder nach oben führt. Sobald du dich für eine Richtung entschieden hast, läuft es fast wie von selbst. Allein den Anfang musst du bewusst machen und in der ersten Zeit deine Gedanken lenken. Bald schon wird die Macht der Gewohnheiten die Regie übernehmen – eine gute Gewohnheit diesmal!

Früher habe ich manchmal recht lange gebraucht, bis ich überhaupt gemerkt habe, dass ich Ehrenrunden im negativen Gedankenkarussell drehte. Heute komme ich mir schneller auf die Schliche, und dann kenne ich kein Erbarmen: Weg damit!

Genauso verfahre ich mit irrationalen Ängsten. Ich weiß, dass viele Menschen mit zunehmendem Alter ängstlicher werden. Das mag auch daran liegen, dass einen die Sinne manchmal im Stich lassen. Man hört nicht mehr so gut, das Autofahren bei Nacht wird anstrengend. Und die Welt erscheint immer komplexer und undurchsichtiger, auch das kann als bedrohlich empfunden werden. Bei mir war es kurioserweise genau umgekehrt. Ich habe mit zunehmendem Alter immer mehr Ängste verloren. Was soll denn jetzt noch passieren? Meine Kinder stehen fest in ihrem eigenen Leben, und davon abgesehen habe ich gar keine Zeit für Angst. Negative Gedanken und Ängste sind für mich vor allem eines: Zeitfresser. Ich verbringe meine Zeit lieber mit schönen Gefühlen, interessanten, warmherzigen Menschen und anregender Lektüre. Das Leben ist mir einfach zu kostbar und viel zu schade für einen faden Beigeschmack und erst recht für Ängste und andere negative Faltenbeschleuniger.

Das schlechte Gewissen ist nur für eines gut: schlechte Gefühle

Manchmal, wenn ich meinen Kindern beim Spielen zusah, schweiften meine Gedanken in die Zukunft, und ich fragte mich, wie die drei wohl einmal ihre Kindheit beurteilen würden. Das ist eine bedeutsame Frage für Mütter: Habe ich alles richtig gemacht? Ständig hören wir, was wir falsch machen können, und oft viel zu spät, sodass wir das Falsche in bester Absicht getan haben. Aber so ist es doch immer: Jede Mutter will das Beste für ihr Kind. Und deshalb sind wir manchmal auch leicht zu verunsichern, weil es eben immer welche gibt, die am lautesten rufen, was angeblich richtig ist. Ich habe als junge Mutter viel über Kindererziehung gelesen, doch als ich merkte, dass die Theorie die Stimme meines Herzens zu übertönen drohte, legte ich die Bücher beiseite. Ich wollte mich nicht beirren lassen, und darüber bin ich heute sehr froh, denn meine Kinder haben mir einmal das schönste Kompliment meines Lebens gemacht, indem sie mir sagten, sie hätten eine Kindheit wie in Bullerbü genossen. Da ich nicht wollte, dass die Kinder in jungen Jahren fernsahen, brauchte ich natürlich tolle Ideen, um sie zu überzeugen: Wollt ihr ankucken, was andere machen, oder wollen wir selbst was machen? Meine drei Wunschkinder waren meine größten Lehrmeister. Sie haben mir gezeigt, was wirklich wichtig im Leben ist, und mit ihnen staunte ich über die Wunder unserer Welt. Und wenn mir als Hausfrau und Mutter mal die Decke auf den Kopf zu fallen drohte, ließ ich mir etwas einfallen, damit die Freude zurückkehrte. Vor allem Hausarbeit fand ich gelegentlich eintönig. Aber auch sie konnte ich zum Positiven verändern mit kleinen Hilfsgedanken. So machte ich mir beispielsweise bewusst, dass es Menschen gibt, die sich innig wünschen, körperlich überhaupt in der Lage zu sein, ihr Bett aufzuschütteln, zu kochen, das Bad zu putzen. Auf diese Weise konnte ich mit neuer Freude und auch Dankbarkeit weiterarbeiten. Ich wollte die Dinge nicht erst zu schätzen wissen, wenn ich sie nicht mehr bewerkstelligen könnte. Nein, lieber aus dem Vollen schöpfen und Dankbarkeit empfinden und das große Geschenk des Lebens so oft wie möglich bewusst genießen. Vermutlich klappte das am besten beim Kochen. Manchmal erinnerte ich mich dabei an zurückliegende Urlaube. Wie ich über die bunten Märkte im Süden streifte und Gemüse einkaufte, mich von den Düften und Früchten inspirieren ließ für das nächste Familienessen. In dieser guten Stimmung kochte ich ein deutsches Mittagessen, und es wunderte mich kein bisschen, wenn meine Kinder fanden, es schmecke wie im Urlaub.

Ich esse heute noch meistens zweimal am Tag warm, auch wenn ich »nur« für mich alleine koche. Das bin ich mir wert! Und ich versuchte auch, hin und wieder etwas für mich zu tun, als die Kinder klein waren. Manchmal konnte ich nur fünf Minuten für mich allein aus einem Tag herausschneiden. Doch diese fünf Minuten stimmten mich fröhlich. So habe ich mir mein eigenes Leben bewahrt oder es auch mal zurückerobert, wenn es im Familientrubel in Vergessenheit geriet, was ja nicht schlimm ist, so ist es nun mal.

Ich veranstaltete Unternehmungen und Kindergeburtstage, von denen heute noch die Rede ist. Wir unternahmen tolle Ausflüge, es wurde viel gesungen und gebastelt. Ich tat das alles ohne Hintergedanken. Ich habe nie damit gerechnet, dass meine Kinder mir irgendwann etwas zurückzahlen würden, wie ich es heute manchmal höre, wenn Gleichaltrige sich bei mir beschweren, wie viel sie in ihre Kinder investiert hätten und wie wenig sich das gelohnt hätte, die Kinder würden sich kein bisschen um sie kümmern. Aber anstatt das direkt anzusprechen, wurde von diesen Menschen ein Geheimvertrag geschlossen, dessen Gegenstand das schlechte Gewissen ist.

Viele Beziehungen basieren auf einem schlechten Gewissen, und das empfinde ich als sehr schade. Im Grunde genommen wünscht sich doch jeder, dass ihm andere freiwillig Gutes tun. Dass jemand sieht, wenn wir vielleicht sogar in Not sind, und uns beispringt. Nicht, dass wir jemanden aufmerksam machen müssen, was wir vielleicht gar nicht wagen, weil wir keine Abfuhr kassieren wollen. Und so greifen wir zum schlechten Gewissen, das wir bei einem anderen zu erwecken hoffen, damit er dann doch noch tut, was wir uns wünschen, ohne es aussprechen zu müssen.

Kann so eine gleichberechtigte Beziehung auf Augenhöhe funktionieren? Nein! Es gibt Menschen, die empfänglicher dafür sind als andere, wobei sie Gefahr laufen, ausgenutzt zu werden von jenen, die die Kunst der Manipulation beherrschen. Auch wenn man gefeit ist gegen solche Manipulationsversuche, ist allein der Versuch Sand im Getriebe einer jeden Beziehung.

Ein Nein zu anderen bedeutet ein Ja zu sich selbst

Nein ist mehr als ein Wort. Nein ist eine Macht. Sie schützt unsere Grenzen und schenkt uns Zeit für all das Schöne, das wir unternehmen möchten. Natürlich wollen auch andere Menschen Schönes tun, und manche wissen, wie das geht, und bringen wieder andere dazu, das zu erledigen, was sie selbst tun müssten. Man nennt das auch das Tom-Sawyer-Prinzip, weil Tom es schaffte, andere dazu zu bringen, ihm eine ungeliebte Arbeit abzunehmen und zum Beispiel den Zaun anzustreichen.

Nein ist ein Zauberwort, weil wir damit Freiraum gewinnen. Darauf kann man sich bei einer Absage konzentrieren – dann fällt sie leichter. Nein sind vier Buchstaben in die Freiheit. Deshalb braucht sich niemand für ein Nein zu rechtfertigen. Gleichzeitig müssen wir damit umgehen lernen, dass ein Nein meist nicht gerade auf Begeisterung stößt. Aber das muss nicht zwingend in einem schlechten Gewissen münden!

» Gewöhne dir an, bei allen Gefälligkeiten, die du sonst vielleicht im Vorübergehen abnickst, um eine Bedenkzeit zu bitten: Lassen Sie mich darüber nachdenken. / Ich rufe dich in einer halben Stunde zurück.

» Wenn du dann absagst, wirkt dein Nein weniger hart. Außerdem hast du bewiesen, dass du deine Ankündigungen einhältst. Du bist dem Frager also wohl gesinnt.

» Schmettere eine Anfrage nicht sofort ab, sondern setze beispielsweise ein »Hm« davor, das signalisiert, dass du dir die Sache reiflich überlegt hast.

» Wertschätze es, wenn man eine Bitte an dich heranträgt. Sage etwas wie: »Es würde mich freuen, dir zu helfen.« Im Anschluss erklärst du, dass dies leider nicht möglich ist. Begründe auf keinen Fall, warum nicht. Wer sich rechtfertigt, verliert (Augen-)Höhe.

» Verwandle eine Anfrage in eine Regel: So was mache ich aus Prinzip nicht. Damit vermeidest du es, dass sich dein Gegenüber persönlich abgelehnt fühlt. Beispiele: Ich verleihe meinen Wagen prinzipiell nicht. Ich mache prinzipiell keine falschen Angaben bei Versicherungsangelegenheiten. Ich verbringe den Sonntag prinzipiell mit meiner Familie.

Fällt dir das schwer? Dann denk an die Zeit, die du dadurch gewinnen kannst, indem du anderen Leuten keine Zeit ersparst. Was kannst du alles Tolles mit dieser Zeit tun? Sie gehört dir ganz und gar, du hast sie dir redlich verdient mit deinem Nein! Jedes Nein ist ein Paragraf eines gekündigten Geheimvertrages. Und die übelsten Kommunikationsmittel bei existierenden Geheimverträgen bestehen nun einmal aus dem doppelbödigen Spiel mit dem schlechten Gewissen. Da werden schnell schwere Geschütze aufgefahren: Ich bin enttäuscht von dir, das hätte ich jetzt aber nicht von dir gedacht, du kannst mich doch nicht hängen lassen. So wird an das Gutmenschentum appelliert, und am Ende sagt jemand Ja, der eigentlich Nein sagen wollte, und ist dann nett zu einem anderen, womit er sich selbst verrät, weil das Ja zum anderen ein Nein zu sich selbst bedeutet.

Das schlechte Gewissen ist einer der größten Lebensfreude-Verhinderer, nicht bloß den Generationenvertrag betreffend. Wer etwas nur tut, um kein schlechtes Gewissen zu haben, verrät sich selbst. Gerade Frauen neigen zuweilen dazu, mehr für ihr gutes Gewissen zu leben als für sich selbst. Meine Erfahrung und unzählige Gespräche haben mich davon überzeugt, dass erst die Kündigung des schlechten Gewissens ein selbstbestimmtes Leben ermöglicht, zumal das schlechte Gewissen als Machtinstrument eingesetzt wird. Ich möchte auch nicht, dass mir etwas Gutes getan wird aus einem schlechten Gewissen heraus. Es verwandelt das Gute nämlich in einen Zwang, und das empfinde ich eher als demütigend denn beglückend. Und ich möchte anderen ebenfalls keinen Gefallen tun, um selbst an keinem schlechten Gewissen zu leiden. Ein schlechtes Gewissen ist Gift für eine Beziehung. Man darf jeden Vertrag fristlos kündigen, den man mit einem schlechten Gewissen unterschrieben hat!

Selbstverständlich habe ich auch mal mit schlechtem Gewissen agiert, also um die Ecke. Ich konnte aus verständlichen Gründen nicht vorausschicken: Lieber Johannes, ich mach dir jetzt gleich ein schlechtes Gewissen, damit du tust, was ich möchte …

Das Wetter war herrlich an diesem Sonntagnachmittag, und ich hatte große Lust auf eine Fahrradtour. Die Kinder waren noch nicht geboren oder gerade aus dem Haus, und ich fragte meinen Mann: »Wollen wir eine Fahrradtour machen?«

Mein Mann wollte lieber Formel-1 im Fernsehen kucken.

Was hinderte mich daran, einfach aufzustehen, ihm einen Kuss auf die Wange zu drücken und einen schönen Nachmittag zu wünschen, den er sicher haben würde vor dem Fernseher? Und ich auf dem Fahrrad.

Nein, ich blieb sitzen und sagte etwas von der frischen Luft, die ihm guttäte.

Schlechtes Gewissen, weil er sich nicht um seine Gesundheit kümmerte.

Und überhaupt war Fernsehen nicht so gut.

Schlechtes Gewissen, weil kein gutes Vorbild für die Kinder.

Und wir hatten doch die Räder neu.

Schlechtes Gewissen, weil drohende Fehlinvestition.

Und so weiter und so weiter.

Wären wir letztlich aufgebrochen, hätte mich vielleicht ein schlechtes Gewissen getreten, weil ich ihn losgeeist hätte. Wie viel schöner wäre der Fahrradausflug allein gewesen!

Großeltern sind kein Hauspersonal

Wenn erwachsene Kinder über ihre Eltern den Kopf schütteln, ist das in meinen Augen ein gutes Zeichen. Dann haben es die Eltern richtig gemacht, da sie wieder ein eigenes Leben genießen. Diese Einstellung erfordert allerdings Toleranz, Großmut und Liebe, gerade auch von den Kindern, die hoffen, dass ihnen die Eltern in ihrer Rolle als Großeltern den Rücken freihalten. Im Alltag mit Kindern passieren ständig kleine Katastrophen, die den beruflichen Ambitionen im Weg stehen können. Wenn die Kinder krank sind und nicht zur Kita können, sind Oma und Opa oft die letzten Notnägel. Klar machen wir das gerne, aber bitte immer in Absprache und ohne den Anspruch, unser eigenes Leben gänzlich aufzugeben. Sollten die Kinder das nicht verstehen, kann man sie durchaus fragen, wie sie selbst einmal im Alter leben möchten. Ob sie dann auch rund um die Uhr für ihre Enkelkinder verfügbar sein möchten. Wenn das alle so wünschen, ist es wunderbar. Aber die neue Rentnergeneration hat eben oft eigene Pläne. Und wer sich allein auf die Enkel als Lebenssinn verlässt, könnte auf das falsche Pferd setzen. Zum Beispiel können die Großeltern als aufdringlich, geradezu bedürftig empfunden werden, wenn sie sich zu viel einmischen. Dann sind sie keine Erleichterung, sondern eine Belastung. Die gelebte Nähe kann ein großes Glück sein, doch sie birgt auch die Gefahr einer belastenden Abhängigkeit – für beide Seiten.

Der Zeitraum, in dem Kinder die Unterstützung ihrer Eltern zur Aufsicht und Bespaßung der Enkelkinder wirklich benötigen, ist kurz. Er beträgt vielleicht sechs Jahre, dann ziehen die Enkelkinder immer öfter in ihre eigene Welt, haben eigene Termine – Freunde, Sportverein, Schule, Musik. Wenn Omis und Opis Lebensfreude nun aber von den Enkeln abhängt, fallen sie in ein Stimmungstief. Je älter sie sind, desto schwieriger ist es, noch einmal neu durchzustarten in ein eigenes spannendes Leben. Dunkle Wolken ziehen auf, Einsamkeit droht. Die Besuche der Kinder und Enkel werden überbewertet und für alle Beteiligten zu einer Anstrengung, sobald die Kinder und Enkel die Leere der Großeltern füllen sollen.

Im Gegensatz dazu ist gelebte Nähe auf Augenhöhe ein großes Geschenk, das durch die aktive Verantwortung für das eigene Dasein gedeiht. Im Grunde wollen wir das doch alle. Wir möchten unsere Kinder entlasten, und wenn wir uns als Eltern an einem eigenen spannenden Leben erfreuen, entlasten wir die Kinder und auch die Enkel. Die Zeit, die wir dann miteinander verbringen, hat nichts mit Verpflichtung oder

Last zu tun, sondern ist eine Freude für alle. Da fühlt sich keiner als Lückenbüßer ausgenutzt, die Großeltern nicht als Kinderhüter und die Kinder und Enkel nicht als Leerefüller. Eigenverantwortung heißt das Zauberwort!

Ratschläge sind auch Schläge

Unsere Kinder in die Freiheit zu schicken, ist ein lebenslanger Prozess. Er hört nicht mit dem Auszug von zu Hause auf. Gerade wenn Enkel geboren werden, ist es wichtig, noch einmal ein Stück weit loszulassen. Unsere Kinder dürfen ihre eigenen Fehler machen – auch in der Erziehung ihrer Kinder. Wir schaden ihnen nicht, wenn wir uns zurückhalten mit Bemerkungen wie: Das hätte ich dir gleich sagen können.

Lieber mal still sein und überlegen, was hinter solchen Bemerkungen stecken könnte. Oft liegt die Ursache darin, dass die Großeltern zu viele Kapazitäten frei haben – weil sie eben kein aktives eigenes Leben führen. So beschäftigen sie sich zu oft mit den Angelegenheiten ihrer Kinder. Sie wollen nur das Beste, keine Frage, doch damit mischen sie sich – manchmal fast ein wenig aufdringlich – ein. Und das steht ihnen in ihrer Rolle als Großeltern nicht zu. Ich kann mich noch gut daran erinnern, wie ich selbst einmal meine Mutter bat, ihre Meinung für sich zu behalten. Ich wollte sie gern um Rat fragen – wenn ich ihn mir wünschte. Ansonsten wollte ich es auf meine eigene Weise versuchen. So manches Mal ahnte ich, dass Mutti sich auf die Zunge beißen musste, um mir keine Tipps zu geben, doch sie schwieg. Dafür bin ich ihr bis heute unendlich dankbar. Auch meine Schwiegereltern ließen uns machen, wie wir, die Jungen, es für richtig hielten. Es nützt ja nichts – auch wenn man es noch so gut meint: Ratschläge sind letztlich Schläge. Jeder Mensch ist anders; mein Weg muss nicht der richtige für einen anderen Menschen sein, egal, wie nah er mir stehen mag.

Von unseren Kindern erwarten wir Achtung vor unserem Leben. Diese Achtung können sie auch von uns erwarten. Wir stehen nicht einfach bei unseren erwachsenen Kindern vor deren Tür, als wären sie noch im Kinderzimmer nebenan. Sie sind erwachsen. Wir sind erwachsen. Und so sollten wir uns begegnen. Nur mit der nötigen Achtung können Beziehungen langfristig gelingen. Unterstützung ist keine Selbstverständlichkeit. Ich kenne Kinder, die sich für ihre alten Eltern die Hacken abrennen und kein Wort des Dankes bekommen. Genauso kenne ich Eltern, die trotz eines hohen Alters alles stehen und liegen lassen, sobald die Kinder pfeifen. Alles wird für selbstverständlich genommen. Doch das ist es nicht! Auf Dauer bringt das bloß Frust.

Wir sollten nie vergessen, dass das Glück eben keine Frage des Alters ist, und auch im Alter sind unsere Kinder nicht für unser Glück zuständig. Wir behalten unser Glück in der Hand. Und wenn wir Interesse und Hilfe erhalten, sind das Geschenke. Ich bin immer unglaublich dankbar, wenn mir meine Kinder ein bisschen helfen, vor allem mit der neuen Kommunikationstechnik. Wobei ... hin und wieder konnte ich ihnen nun auch schon unter die Arme greifen. Schließlich bin ich mittlerweile eine versierte YouTuberin.

Ist es nicht großartig, dass wir heutzutage wählen können, wie wir im Alter leben wollen? Möchten wir gern so viel wie möglich für die Kinder und Enkel da sein, ohne ihnen zur

Last zu fallen? Oder möchten wir noch mal selbst auf die Abenteuerreise des Lebens gehen? Oder eine gute und gerne prickelnde Mischung aus beidem finden? Alles darf sein, alles ist erlaubt.

Als ich selbst eine junge Mutter war, musste ich ohne meine Mutter zurechtkommen; sie lebte in Düsseldorf. Erst als meine Kinder zwei, sieben und neun Jahre alt waren, holte ich sie in unsere Nähe. In dieser Zeit war ich nicht mehr auf Muttis Hilfe angewiesen, ich hatte alles gut geregelt. Als die Kinder klein waren, habe ich gelegentlich andere junge Mütter beneidet, deren Eltern in der Nähe wohnten und die einsprangen, wenn etwas Unvorhergesehenes passierte. Doch ich wusste immer, dass ich mich trotz der räumlichen Entfernung auf meine Mutter verlassen konnte. Einmal fuhren Johannes und ich alleine in den Urlaub, Mutti übernahm die Kinder für drei Tage. Aber das war eine Ausnahme. Mutti hatte ihr eigenes Leben. Und das behielt sie auch, als sie von ihrem geliebten Düsseldorf nach Hamburg zog, um näher bei mir zu sein, was mich sehr, sehr freute. Ich fragte mich allerdings, wie sie sich wohl in Hamburg zurechtfinden würde. Denn ich wollte ja nicht immer für sie zuständig sein, das hätte ich gar nicht leisten können. Doch Mutti blieb sich treu und erleichterte mich ungemein damit, dass sie sich alleine auf Entdeckungstour begab. Ich hatte kein weiteres Kind, um das ich mich kümmern musste, sondern eine erwachsene Frau, deren nun auch räumliche Nähe mich beglückte. Am Telefon erzählte sie mir begeistert von ihren Abenteuern; sie besichtigte den Dahliengarten in Klein Flottbek, den ich gar nicht kannte, oder landete aus Versehen bei einem Derby auf der Rennbahn.

»Du kannst dir nicht vorstellen, was ich heute erlebt habe ...« So begannen viele unserer Telefonate. Ich wäre nicht im

Traum auf die Idee gekommen, sie als Haushaltshilfe oder Kinderbetreuerin einzuplanen. Sie hatte ihre eigenen Interessen und noch eine Menge vor. Schließlich wollte sie eine Großstadt erobern mit ihren vierundsiebzig Jahren!

Ich bin überzeugt davon, dass unsere Kinder es hoch schätzen und wir sie unendlich erleichtern, wenn wir über den Tellerrand der Familie hinausblicken und eigene Interessen verfolgen. Den Generationenvertrag aufzulösen ist nicht egoistisch, sondern zeugt, im Gegenteil, von Selbstverantwortung, Liebe und Fürsorge für die Familie. Immer wenn ich mal wieder mit einer Altersgenossin spreche, die das auch gerne möchte, sich aber nicht traut, weil sie sonst ein schlechtes Gewissen hätte, rate ich ihr, an ihre Vorbildrolle für ihre Kinder und Enkel zu denken. Wir leben ihnen vor, wie es funktionieren könnte. Und wenn wir ihnen einen Weg zum Glück zeigen, werden sie den eines Tages vielleicht auch beschreiten, ohne dass wir ihnen den Rat dazu aufgedrängt hätten. Wir haben es ihnen einfach vorgelebt, und das ist die beste und erfolgreichste Methode.

Den Generationenvertrag kündigen

Auch ich lernte diese Freiheit von meiner Mutter, die ihre letzten Lebensjahre in einem schönen Seniorenheim in meiner Nähe verbrachte. Ich besuchte sie, so oft es möglich war, merkte aber eines Tages, dass ihr das nicht genügte. Lag es am Alter? In der Phase meiner beruflichen Erfolge entdeckte ich plötzlich, dass ich mit einem schlechten Gewissen herumlief, mich nicht ausreichend um Mutti zu kümmern. Es führte dazu, dass ich sie nicht mehr so gern besuchte. Das fand ich schrecklich, weil ich meine Mutter sehr liebte und mich immer gut mit ihr verstanden hatte. Eines Tages fasste ich mir ein Herz und sagte ihr, dass mir ihr Verhalten ein schlechtes Gewissen machte. Mutti sah mich völlig entgeistert an, dann rief sie: »Wie blöd bin ich eigentlich!« Sie schüttelte den Kopf. »Das habe ich gar nicht gemerkt! Habe ich zu oft angerufen, habe ich ...«

»Aber nein.«

»Du musst den Eindruck gehabt haben, ich wäre einsam. Das kann ich sofort ändern!«, rief Mutti. »Es geht mir gut!«

Dann lagen wir uns in den Armen und weinten beide. Ach, wie war ich froh, dass ich das angesprochen hatte. Ich wollte keine Beziehungen mehr führen, in denen nur eine Fassade aufrechterhalten wurde, ich wollte das Echte, das Eigentliche: Herzensbegegnungen. Das Bild, wie Mutti am Balkon stand und mir mit einem Geschirrtuch nachwinkte, hat sich in meine Seele eingebrannt. Und irgendwie steht sie noch immer da und winkt, und ich weiß, worauf es ankommt: auf die Begegnung von Mensch zu Mensch.

Meine Mutter lehrte mich: Du bist nicht verpflichtet, dich im Alter über die Maßen um mich zu kümmern. Der Generationenvertrag bedeutet, dass du dich um deine Kinder kümmerst, so wie ich mich um dich und deine Geschwister gekümmert habe. Man richtet seine Aufmerksamkeit auf die folgenden Generationen, nicht auf die vorhergehenden. Das habe ich verinnerlicht und finde die Anspruchshaltung mancher Altersgenossen falsch, die zum Beispiel ausschließen, ihren Lebensabend im Seniorenheim zu verbringen, und stattdessen auf ihre Kinder bauen.

Ich habe drei lebensfrohe Kinder großgezogen. Die Verantwortung für meine Enkel liegt bei ihren Eltern. Ich liebe meine Enkel heiß und innig, doch nun zählen auch meine eigenen Termine. Gleichzeitig erwarte ich nicht, dass meine Kinder sich um mich kümmern. Wir sind frei – und das prägt unsere lebendige Beziehung. Jede Kündigung eines Geheimvertrages schenkt Freiheit und Glück.

Vorsicht vor dem Kleingedruckten: Glaubenssätze entlarven

Papi war der Held meiner Kindheit und Jugend. Wir lebten auf einem großen gepachteten Bauernhof, den Mutti früher mit dem »ersten Papi« bewirtschaftet hatte. Aus dieser glücklichen Liebe gingen meine beiden Schwestern hervor, sechs und vier Jahre älter als ich. Ich bin das einzige gemeinsame Kind meiner Eltern. Obwohl ich den ersten Papi nie kennengelernt hatte, spielte er in meinem Leben eine Rolle, da wir gelegentlich über ihn sprachen. Allerdings hatte ich es leichter als meine älteren Schwestern, die eines Tages mit dem neuen Papi konfrontiert wurden. Heute sind wir uns einig, dass wir mit dem neuen und meinem einzigen Papi großes Glück hatten. Für ihn waren wir als Mädchen nicht weniger wert als Jungs – etwas, das damals nicht ungewöhnlich gewesen wäre. Wir wurden stets liebevoll behandelt. Ich habe, und das ist bemerkenswert für diese Zeit, in meinem Leben nur eine einzige Ohrfeige bekommen – von Mutti.

Meine Eltern wurden 1904 und 1916 geboren. Sie haben zwei Weltkriege erlebt und überlebt, und mit dieser »Geschichte« kann ich sie heute in einem anderen Licht betrachten als in meiner Jugend. Das ist wieder einmal ein gutes Beispiel dafür, was das Alter zu dieser unglaublichen Bereicherung macht: die Tiefe, die sich mit den Jahren offenbart. Woher komme ich, und wieso bin ich so und nicht anders geworden? Weshalb fällt mir manches leichter und anderes schwerer? Was prägt meine Werte, und an welche Wahrheiten über mich glaube ich? Sind das tatsächlich Wahrheiten? Oder vielleicht eher Glaubenssätze, die ich seit vielen Jahren mit mir herumschleppe?

Ich habe die Erfahrung gemacht, dass Veränderung im Alter oft lediglich körperlich und negativ beurteilt wird. Denn die wichtigen Veränderungen, die hat man scheinbar schon hinter sich – in der Jugend und im jungen Erwachsenenalter, wenn man herausfindet, wer man selbst ist, jenseits der Vorstellung der Eltern. Man könnte glauben, man hätte nun der Weisheit letzten Schluss erkannt. Es wäre ein Fehler, die Erkenntnisse, die man bei der Suche nach sich selbst erlangt, ebenso fest zu verankern, wie es die Eltern vormals getan haben. Alles, was sich nicht mehr verändert, behindert das Glück, dessen Eigenschaft fließend ist, beweglich und frei. Sobald wir gewisse Vorstellungen zementieren, können sie unser Leben beschweren, denn manchmal merken wir dann nicht mehr, dass wir uns auf einen Sockel gestellt haben – oder unter die Kellertreppe. Alles, was immer da ist, wird gern übersehen.

Negative Glaubenssätze sind schwere Bürden, die manchmal wenig mit der Wahrheit zu tun haben. Wenn nicht jetzt, wann dann ist es Zeit, sie endlich zu zerschlagen oder zu beatmen oder – wie auch immer – Bewegung hineinzubringen! Alten Leuten wird gern unterstellt, dass sie immer von früher reden würden. Weil die Jugend die schönste Zeit war? Weil sie damals Zipperlein noch gar nicht buchstabieren konnten? Das kann ich nicht beantworten, da ich alle Zeiten meines Lebens wunderbar finde. Ich glaube jedoch, dass wir in unserer Erinnerung nicht aufhören sollten, das Leben zu erforschen und neue Zusammenhänge auszuspähen. Auch mit sechzig, siebzig, achtzig und neunzig kann man noch über sich selbst staunen und Wahrheiten entdecken, die lange verborgen blieben. Schon deshalb lohnt sich der Blick zurück in die Kindheit, wo alles begann. Oder man kann einfach mal ganz frech einen dieser in Stein gemeißelten Sätze zerschlagen und eine neue Erzählung von sich selbst beginnen. Anstatt: »Meine Mutter war immer gemein zu mir, und ich musste wochenlang bei meiner Oma wohnen«, vielleicht: »Meine Mutter hatte wenig Zeit für mich, welch ein Glück, dass meine Oma einsprang …« Und sofort verändert sich alles.

Meine Kindheit auf dem Bauernhof war wie ein langer glücklicher Sommertag. Und mein Papi war die strahlende Sonne. Ich sehe ihn noch vor mir, wie er morgens auf dem Hofplatz stand, umringt von den Mitarbeitern, und mit ausgebreiteten Armen nach links und rechts die Arbeit einteilte. Wann immer jemand eine Frage hatte, kannte er die Antwort. Papi wusste alles. Obwohl er so viel Arbeit hatte, nahm er sich für uns Kinder Zeit. Ob er mich auf ein Spinnennetz hinwies, das sanft im Wind schwang, oder mir erklärte, wie ich mit unseren Pferden, Hunden und Kühen umgehen sollte. Als Tierfreund ergriff er nicht automatisch meine Partei. Als mich einer unserer Hunde einmal zwickte, wies er nicht ihn zurecht, sondern mich, weil ich in die Hundehütte gekrochen war und den Hund bedrängt hatte. Vor allem aber war mein Vater der Mutmacher, wenn mein zögerliches Ich sich nicht traute. »Das schaffst du, meine Kleine!« Damit machte er mich groß. Und wenn ich es doch nicht schaffte, dann war das ein Versehen. Zwinkerte er dabei mit den Augen? Ich kann mich nicht daran erinnern. Später kam mir der Gedanke, dass ich meinen Papi ziemlich idealisierte. Na und, will ich dann sagen. Womöglich musste ich mir diesen Vorrat anlegen, weil ich ihn nur so kurze Zeit an meiner Seite haben durfte. Und andererseits beruhte das vielleicht auf Gegenseitigkeit. Mein Papi machte mich nicht klein, wie ich es oft von anderen Töchtern gehört habe, die bedauerten, dass ihnen ihre Eltern so wenig zutrauten. Mein Papi machte mich riesig. Aber damit pflanzte er auch einen Glaubenssatz in mich ein.

Ich war zehn Jahre alt, als der Pachtvertrag des Bauernhofs aufgelöst wurde und wir aus unserem Paradies vertrieben wurden. Unsere Familie zog in ein Einfamilienhaus, einhundertfünfzig Kilometer weiter nördlich. Mein Vater arbeitete als landwirtschaftlicher Gutachter für eine große Versicherung. Ich ging gern zur Schule und konnte mich, ohne mich besonders anzustrengen, im oberen Drittel der Klasse halten. Wenn ich mal eine schlechte Note nach Hause brachte, hielt Papi das für einen Ausrutscher, der nicht weiter thematisiert wurde. Ein Lehrer sagte einmal zu meiner Mutter, ich könnte besser sein. Meine Mutter entgegnete: »Oberes Drittel reicht doch.« Das klingt noch heute wie Musik in meinen Ohren. Ich glaube, dass man am meisten leistet, wenn man selbst es will, ohne Druck. Meine Eltern machten mir keinen Druck. Oder? Die folgende Geschichte habe ich schon oft erzählt, doch erst seit einigen Jahren finde ich sie selbst nicht mehr nur toll. Das ist es, was ich gemeint habe: Erinnerungen abklopfen – was steckt noch darin?

Eines Sonntags nach einem Waldspaziergang drückte mir mein Vater den Autoschlüssel in die Hand. Ich war siebzehn. Fragend sah ich ihn an. Es hatte eben zu regnen begonnen, und er sagte: »Beeil dich, damit wir nicht nass werden.« Ich hatte noch nie hinter dem Steuer gesessen. Ich hatte noch nicht einmal eine Fahrstunde gehabt. Aber ich hatte immer gut aufgepasst, wenn mein Vater meinen großen Schwestern Kupplung, Bremse und Gas erklärte. Papi nickte mir auffordernd zu. Ja, er meinte es ernst. Da lief ich los, sperrte auf, startete den Austin, legte den Gang ein, löste die Handbremse, ließ die Kupplung kommen und rollte auf Papi zu, bremste. Er verzog keine Miene, nahm auf dem Beifahrersitz Platz und ließ mich weiterfahren bis zur Bundesstraße. Das werde ich nie vergessen – auch nicht, wenn ich hundertzwanzig Jahre alt bin. Heute noch fühle ich mein ungläubiges Staunen und das breite Grinsen von damals in mir. Bin meinem Vater für dieses Vertrauen so dankbar von hier bis Honolulu. Sein Glaube an mich hat mich stark gemacht. Aber er war eben auch eine Bürde. Er ging mit dem Gefühl einher, ich würde alles können. Heute weiß ich, dass das nicht stimmt. Und was noch viel wichtiger ist: Es macht mir nichts aus, und das ist eines der großartigsten Erleichterungen des Alters, fast so gut wie Lesebrillen. Es kommt nicht darauf an, wo man sich angesiedelt hat, oberes oder unteres Drittel, sondern ob man sich dort wohlfühlt. Ob man seinen Platz im Leben gefunden hat oder immer wieder neu findet. Was mich betrifft, halte ich das Alter für eine hervorragende Zeit, öfter mal innerlich umzuziehen. Feste Meinungen, Gewohnheiten durchzuschütteln. Nicht starr werden, sondern beweglich bleiben, ob das Zukunft oder Vergangenheit betrifft und die Gegenwart sowieso.

Die Farbe der Erinnerung

Die Wörter Emanzipation oder Feminismus kamen bei uns zu Hause nie vor. Und doch lebte meine Mutter sehr emanzipiert, zumindest in der Zeit nach dem Tod des ersten Papis. Er starb bei einem tragischen Unfall 1945. Die Engländer hatten die Stromleitungen über Land gekappt, und auf einer Fahrt im offenen Wagen schlang sich bei starkem Wind eine Leitung um seinen Hals, riss ihn aus dem Wagen und verletzte ihn tödlich. Auf einmal war Mutti mit ihren zwei Mädchen allein. Das große Glück, dass ihr Mann wegen einer kriegswichtigen Tätigkeit zu Hause hatte bleiben dürfen, war sein Schicksal geworden. Auf dem Hof wurden englische Soldaten einquartiert. Mutti schlief mit ihren zwei Mädchen und dem Schäferhund in einem Zimmer. Wenn sich die Türklinke nachts bewegte, knurrte der Hund. Schlaflose Nächte.

Eines Tages kam mein Vater als Verwalter auf den Hof, und drei Jahre nach dem Tod des ersten Papis heirateten meine Eltern. Es ist noch gar nicht so lange her, da kam mir in den Sinn, dass meine Geburt für meine Eltern vielleicht ein Zeichen des Neuanfangs war. Der Krieg war vorüber. Meine Mutter beendete ihre Trauer um den ersten Papi. Sie arbeiteten beide hart auf dem Hof ... und da erschien mir meine Geburt im Nachsinnen für mich selbst noch einmal als etwas Extraschönes.

Dieser neue Scheinwerfer, der ein anderes Licht in meine Vergangenheit wirft, gefällt mir. Ich werde ihn eine Weile stehen lassen, vielleicht schalte ich ihn irgendwann aus, vielleicht entdecke ich noch mehr. Mal sehen, was er noch beleuchtet – Hauptsache, es bleibt lebendig. Die Gegebenheiten werden sich nicht verändern, doch indem sich unser Blick verändert, wandelt sich alles, ja, es ist gerade so, als kleideten wir das Leben in eine andere Farbe.

Tintenkleckse

Nicht, dass hier der Eindruck entsteht, ich würde keine negativen Glaubenssätze kennen! Ich vermute, dass jeder Mensch welche sammelt, leider merkt man das nicht, es gibt ja keine Waage, auf die man sich stellen kann, um dann schockiert festzustellen: Schon wieder ein Kilo negative Glaubenssätze zugenommen …

Als Kind stand ich auf Kriegsfuß mit meiner Handschrift, beziehungsweise meine Lehrer taten das. Mich störte sie nicht, doch ich sollte unbedingt schöner schreiben. Obwohl ich mich wirklich anstrengte, ja, sogar Kalligrafie-Unterricht bekam, wurde es nicht besser. Die Tischkarten bei Einladungen schrieb mein Mann – »Deine Schrift kann ja sowieso keiner lesen.« Das erfüllte mich nicht gerade mit Selbstbewusstsein, und wenn ein Eintrag in ein Gästebuch anstand, bekam ich feuchte Hände. Heute vertraue ich darauf, dass der Inhalt mehr zählt als die Form. Ich habe Frieden geschlossen mit meiner Handschrift, die vielleicht nie besser werden konnte, weil sie von einem negativen Glaubenssatz geprägt wurde. Ein Friedensvertrag mit einem negativen Glaubenssatz ist in der Regel schwierig, da wir ihn gar nicht als solchen erkennen. Wir halten negative Glaubenssätze nämlich für wahr. Wir merken es nicht, doch wir streichen den Glauben durch und bauen reale Sätze daraus, auf die wir das Haus unseres Lebens stellen. Wir verhalten uns, als wären die Glaubenssätze Tatsachen. Kein Wunder, dass es dann so schwer wird, sie zu entlarven.

Wie lauten deine angeblichen Tatsachen? Du bist zu dick, zu schüchtern, lässt dich immer übers Ohr hauen und hast das womöglich von deinem Opa geerbt? Du bist unordentlich, unpünktlich – Vorsicht vor der Vorsilbe »un«! Wo »un« am Anfang steht, folgt oft ein negativer Glaubenssatz! Du kannst das »Un« streichen – wie schnell verändert sich alles. Aus Unfrieden wird Frieden, aus Unglück Glück.

Blockierende Glaubenssätze kündigen

Jeder trägt sein Päckchen mit sich herum, so sagt der Volksmund. Dem will ich gar nicht widersprechen, doch ich würde dafür plädieren, das Päckchen aufzuschnüren und hineinzuschauen, ob dort wirklich nur du selbst etwas hineingepackt hast oder dir andere etwas dazugeschmuggelt haben. Womöglich bist du schon lange als Kurier unterwegs und ahnst es nicht! Übrigens werden die Päckchen mit der Zeit gern größer, und das liegt an den vielen Brocken, die einem das Alter scheinbar aufbürdet. Die wirklich giftigen Sätze, und jetzt komme ich in den gefährlichen Bereich, betreffen das Alter, in dem man angeblich keine großen Sprünge mehr machen könne, in dem alles vorbei sei, in dem man sich in Bescheidenheit üben sollte, denn das Leben sei nun mal vorbei. Wie bitte? Solltest du dich selbst bei solchen Gedanken ertappen, brauchst du dich nicht zu wundern, wenn du sie glaubst, denn dir selbst glaubst du doch, oder? Hör bitte auf, dich anzuflunkern.

Ein Satz, der mir öfter begegnet: »Ja, wenn ich jünger wäre … dann würde ich das ja ausprobieren.« Das ist ein Un-Satz! Ich bin siebzig Jahre alt und finde mich für fast gar nichts zu alt. Ich glaube, dass man überhaupt nie zu alt sein kann, denn Alter bedeutet doch nicht, dass man nicht mehr am Leben wäre, und solange wir leben, können wir etwas unternehmen, unser Leben so gestalten, wie wir es gerne möchten. Wie wir es möchten – nicht, wie es anderen vorschwebt!

Wie viele tolle Ideen hattest du schon und hast sie gleich wieder verworfen, weil sie angeblich nicht in die Realität umzusetzen sind? Dazu fehlt mir das Geld, dazu müsste ich Englisch können und so weiter. Das kann auch ein neues Hobby oder eine andere Sportart sein, ein Jobwechsel, eine Reise, die wir unbedingt mal machen wollten – die Liste ist endlos. Wir brauchen gar keinen anderen, der uns die Ideen kaputt macht. Das schaffen wir locker selbst, und zwar innerhalb von wenigen Sekunden. Wir sind unser größter Kritiker und machen uns selbst klein. Schauen auf unsere vermeintlichen Fehler mit einem Vergrößerungsglas. Warum? Wäre es nicht höchste Zeit, dich vom Kritiker zum Förderer, zum Mäzen und Bewunderer zu entwickeln? Du hast es bis hierhin geschafft, was gibt es da noch zu kritisieren! Sei stolz auf die Wegstrecke, die du zurückgelegt hast. Aber dreh dich nicht zu oft um. Was möchtest du jetzt tun? Tu es! Halte dich nicht mit »Ja, aber« auf. Tu es und freu dich daran!

Es mag sein, dass du nicht musikalisch bist, aber trotzdem Spaß am Tanzen hast. Es mag auch sein, dass keine Konzertpianistin mehr aus dir werden wird. Na und? Hauptsache, du hast Spaß daran! Das ist doch gerade das Tolle an unserem Alter, dass wir nicht mehr müssen, sondern nach Lust und Laune dürfen. Die Bilder, die du malst, erfreuen dich – genügt das nicht? Und wenn sie in der Kunsthalle hingen, könntest du sie selbst gar nicht täglich sehen. Alles ist relativ, bitte lass dich nicht von einem falsch verstandenen Perfektionismus leiten.

Schon gar nicht bei deinen Hobbys! Betreibe nur eins perfekt, das Glück, und der Weg dahin verläuft perfekt unperfekt! Deinem Glück steht die Perfektion eher im Wege.

Lass uns Rebellen werden – lass uns alles immer wieder hinterfragen: Stimmt das wirklich, was ich über mich denke? Und wenn nicht, dann weg damit! Schöpfe aus dem Vollen!

Bei vielen Fähigkeiten, die uns früher abgesprochen wurden, haben wir vielleicht mittlerweile dazugelernt, wir können heute mehr, als wir vermuten. Aber ist uns das bewusst? Man kann auch in einer längst verjährten negativen Meinung über sich selbst hängen bleiben. Oder wir haben uns früher einschüchtern lassen, vielleicht aus der Angst heraus, Fehler zu machen. Und so sind manche unserer Fähigkeiten auf der Strecke geblieben. Wir haben uns nicht getraut. Das ist Vergangenheit. Jetzt ist Alter. Jetzt ist Freiheit, und jetzt eroberst du dir alles zurück. Freu dich dran, und lass dich bloß nicht aufhalten von Miesmachern, die dir einreden, das sei nicht altersgerecht. Kleine Kinder, die mit fünf Chinesisch sprechen, werden über den Klee gelobt, aber Erwachsene, die mit fünfzig, sechzig, siebzig Chinesisch lernen, sollen komisch sein? Was ist denn das für ein krummer Maßstab? Schmeiß ihn weg! Ja, vielleicht sogar in der Wirklichkeit. Bestimmt hast du noch irgendwo einen Zollstock herumliegen. Also: Fenster auf, raus damit, Fenster zu.

Wir können mehr, als wir glauben – Schuldgefühle nagen am Glück

Kurz vor dem Abitur eröffnete mein Vater mir nicht nur die Welt, sondern auch noch das Weltall. Eines Tages sagte er zu mir: »Wenn du willst, kannst du auf den Mond fliegen.« Das erschien mir erst einmal unfassbar, doch Wernher von Braun, ein Deutscher, der nach Amerika ausgewandert war, arbeitete an einer Rakete, mit der das möglich wäre, wie man seinerzeit in der Zeitung lesen konnte. Darüber sprachen wir zu Hause öfter, es beschäftigte uns, denn eigentlich war das doch unglaublich – Menschen auf dem Mond! Ich wollte dann aber doch nicht zu den Pionierinnen gehören, ließ den Mond erst mal links liegen beziehungsweise am Himmel stehen und entschied mich für eine Ausbildung zur mathematisch-technischen Assistentin. Mathe, Physik und Chemie interessierten und faszinierten mich. Studieren konnte ich später noch immer. Doch dann wurde mein bereits abgeschlossener Lehrvertrag aus Budgetgründen kurzfristig gekündigt, und ich fand eine Anstellung in einer Werbeagentur in Hannover. Ach, wie fühlte ich mich erwachsen in meinem ersten eigenen möblierten Zimmerchen. Schnell fand ich Anschluss an Gleichaltrige und freundete mich mit Ingrid an. Sie war ganz anders als ich, was mich gleichermaßen irritierte und faszinierte. Anstatt stolz auf ihre Selbstständigkeit zu sein, zelebrierte Ingrid Hilflosigkeit. Nichts wollte ihr gelingen, und da sie hübsch war, halfen ihr alle gern, besonders die Jungs. Ich hingegen war es gewöhnt, selbst meinen Mann zu stehen. Meine Eltern hatten stets großen Wert auf meine praktischen Fähigkeiten gelegt, und ich hatte geglaubt, das sei allgemein anerkannt und wichtig. Ingrid strengte sich nicht an, es schien nicht erstrebenswert für sie zu sein, etwas selbst zu können, sei es, einen Nagel in die Wand zu schlagen oder ein Telefonat zu führen. Einmal war sie ganz aus dem Häuschen, weil am Armaturenbrett ihres kleinen Autos ein blaues Licht geleuchtet hatte. Ob jemand das Auto, mit dem sie sich nun nicht mehr zu fahren traute, in die Werkstatt bringen könnte? Mir ging sofort ein Licht auf.

»Das Fernlicht!«, rief ich, während sich ein paar Jungs aus unserer Clique schon bereiterklärt hatten, das blaue Licht für Ingrid aus dem Feuer zu holen. Niemand machte sich über sie lustig, ihre Unselbstständigkeit erntete viel Aufmerksamkeit. So wollte ich nicht sein!

Als ich Ingrid näher kennenlernte, merkte ich, dass sie nicht glücklich war, obwohl ihr doch alle ständig halfen. Und wenn einmal niemand da war, der ihr helfen konnte, jammerte sie. So einen Quatsch mach ich nicht, nahm ich mir vor. Ich erkannte, dass es besser war, unabhängig zu sein. Ich war gern selbstständig, auch bei der Arbeit. Deswegen durfte ich bald kleinere Artikel über regionale Fußballspiele oder die Versammlung des Taubenzüchtervereins schreiben; die Werbeagentur brachte eine Stadtteilzeitung heraus. Eine freundliche ältere Kollegin aus der Redaktion nahm mich unter ihre Fittiche, und ich war zuversichtlich, bald schon größere Artikel schreiben zu dürfen. Doch dann kam alles anders.

Heile Welt in Scherben

Völlig aufgelöst rief mich Mutti in der Werbeagentur an. »Papi hatte einen Herzinfarkt!«

Ich ließ alles stehen und liegen und rannte zum Bahnhof, sprang auf den bereits anfahrenden Zug auf, sechzig Kilometer, nie zuvor war mir die Strecke so weit erschienen.

Papi lag im Krankenhaus, und als ich an sein Bett trat, erkannte ich ihn kaum. Er war in den Fängen starker Schmerzen und sagte etwas, das so klang, als wollte er sterben.

»Papi! Bitte nicht!«, rief ich außer mir. »Du darfst nicht sterben!« Allein das Wort »sterben« in einem Satz mit Papi auszusprechen, war entsetzlich.

Mutti wartete still neben seinem Bett. Warum widersprach sie denn nicht? Ich rannte auf den Flur und flehte die Ärzte an, etwas gegen die Schmerzen meines Vaters zu unternehmen.

Sie blickten mich bedauernd an und sagten mir, dass sie getan hätten, was in ihrer Macht stünde. In den nächsten Stunden saß ich mit Mutti an Papis Bett. Es war schrecklich. Auf keinen Fall wollte ich ihn abends allein lassen. Die netten Krankenschwestern gaben mir ein Zimmer. Mitten in der Nacht stand Mutti vor meinem Bett und sagte: »Papi ist tot.« Ich glaubte ihr kein Wort und lief auf den Flur und in sein Zimmer. Da lag er. Um ihn herum war es still. Da wusste ich es. Doch bis ich es wirklich begreifen sollte, würde noch sehr viel Zeit vergehen. In diesem Moment war mir klar: Ich würde nie wieder glücklich sein.

Ich fiel in eine Art Schockstarre. Ohne Papi war meine Welt nicht mehr schön. Aber ich wollte nicht darüber reden, und so blieb ein wesentlicher Teil meiner selbst in den nächsten Jahren unberührbar. Viele Monate, wenn nicht über ein

Jahr lang, nahm ich mein Leben nur mehr dunkel wahr. Schönes erreichte mich nicht. Die Welt war kein sicherer Ort mehr für mich ohne Papi. Wie heißt es so treffend: Im Leben ist nur eines sicher – dass nichts sicher ist. Ich stürzte mich in die Arbeit – und das musste ich auch, denn Mutti brauchte mich. Sie kam nicht damit zurecht, zum zweiten Mal Witwe geworden zu sein, was wir zuerst nicht verstanden, denn Mutti war doch so eine tüchtige Frau. Doch der Tod meines Vaters schien ihr alle Lebenskraft zu entziehen. Heute glaube ich, dass mein Vater letztlich an einem gebrochenen Herzen starb, denn er hatte auch einen doppelten Verlust erfahren. Zuerst hatte er seine Heimat bei Frankfurt an der Oder verloren, in der er ein großes Gut geerbt hätte, und danach den Bauernhof, den er mit Mutti bewirtschaftet hatte und der ihm zu einer neuen Heimat geworden war.

Da meine beiden Schwestern im Ausland lebten, oblag es mir, Mutti zu trösten. Ich gab mir Mühe, ihr meine Tränen nicht zu zeigen, und weinte mich nachts in den Schlaf. Für Mutti wollte ich stark sein, das hätte Papi von mir erwartet. Von meinem kleinen Gehalt kaufte ich ihr ein großes Kaffeeservice von Hutschenreuther, wie sie es sich früher einmal gewünscht hatte. »Danke«, sagte sie und blieb traurig. Egal, wie ich mich anstrengte, nichts half. Mutti war nur noch ein Schatten ihrer selbst und verlor ihre Tüchtigkeit. Bei den kleinsten Dingen fragte sie mich um Rat. Im Alltag war sie hilflos wie Ingrid, und nach und nach stellte sich heraus, dass sie vieles tatsächlich nicht wusste, weil mein Vater das erledigt hatte, wie zum Beispiel Banküberweisungen. So unsicher kannte ich meine tatkräftige Mutter nicht. Es war gerade so, als hätte die Trauer um Papi zusätzlich die schrecklichen Zeiten nach dem Tod des ersten Papis in ihrer Erinnerung nach oben geschwemmt.

Als ihr erster Ehemann gestorben war, musste meine Mutter wie so viele Frauen im und nach dem Krieg ihren Mann stehen. Dann kamen die Männer zurück, und die Frauen rückten wortlos in die zweite Reihe, wenngleich sich manche verdrängt gefühlt haben mögen. Einmal unterhielt ich mich mit einer Freundin meiner Mutter, die mir erklärte, dass dieser Rückzug der Frauen wichtig gewesen sei: »Wir mussten den Männern nach dem Krieg ihre Würde zurückgeben.« Darüber dachte ich lange nach. Ich fand das nicht richtig. Besser war es doch, seine Fähigkeiten auszuschöpfen, und warum sollten sich Frauen kleinmachen und so tun, als kämen sie ohne Männer nicht zurecht? Sie hatten doch während des Krieges das Gegenteil bewiesen. Ich war stolz auf meine Mutter gewesen, die auf unserem Bauernhof als Meisterhausfrau, so hieß das wirklich, Lehrlinge ausbildete. Doch nun war sie bei den einfachsten Besorgungen hilflos. Ohne es bewusst formulieren zu können, ahnte ich, dass die Rollenverteilung zwischen Mann und Frau eine Fehlerquelle war, und glücklich machte sie bestimmt nicht.

Ich war neunzehn und damit überfordert, meine Mutter zu trösten, doch ich wollte es mit aller Macht. Ich kündigte in der Werbeagentur, zog zu ihr und arbeitete in der Buchhaltung einer Baufirma, in der sich der Chef und sein Sohn ständig anbrüllten. Das Betriebsklima und die Tätigkeit gefielen mir nicht, aber mein Arbeitsplatz lag nur ein paar Minuten von Muttis Haus entfernt, wo ich mein ehemaliges Kinderzimmer bezog. Ein Jahr lang kümmerte ich mich um sie. Von meinem Stress im Büro erzählte ich ihr nichts, ich wollte sie nicht zusätzlich belasten, zumal sie an Schuldgefühlen litt, weil ich für sie so viel aufgegeben hatte.

»Mutti, ich bin gern bei dir!«, widersprach ich, und das war die Wahrheit. Aber schön war das alles nicht. Ein wenig besser wurde es, als ich nach einigen Monaten in der Baufirma kündigte und an eine Akademie wechselte. Dort durfte ich spannende Veranstaltungen im Hintergrund begleiten und manchmal auch am Empfang arbeiten, was mir Freude machte.

Schuldgefühle spucken in die Suppe des Lebens

In dieser Zeit kam meine Schwester aus Chile zurück. Sie war über den Deutschen Entwicklungsdienst (DED) an eine Schule gesendet worden und machte mir Mut, mein eigenes Leben in die Hand zu nehmen.

»Am besten, du gehst ins Ausland«, riet sie mir.

»Aber ich kann Mutti nicht allein lassen«, widersprach ich.

»Wenn du alles für sie tust, kommt sie nie wieder auf die Füße«, stellte meine Schwester fest.

Da merkte ich, dass ich an Schuldgefühlen leiden würde, wenn ich Mutti im Stich ließe. Und war das Kümmern um Mutti nicht Papis heimlicher Auftrag an mich? Eines Nachts, als ich wieder einmal lange nicht einschlafen konnte, kam mir der Gedanke, dass ich mich auch schuldig mir selbst gegenüber fühlen könnte, wenn ich mein Leben weiterhin bei Mutti verbrachte. Das wäre ihr nicht recht, das würde sie auf keinen Fall wollen, da war ich mir sicher. Dieses Missverständnis könnte in eine Negativspirale führen. Sobald es ihr besser ginge, würde sie ihrerseits Schuldgefühle entwickeln, mich so lange gebraucht, ihrer jüngsten Tochter das Leben vermiest zu haben. Was war denn das für ein Kuddelmuddel!

Schuldgefühle sind ein sehr schlechter Ratgeber, wie ein

Stein, den man ins Wasser wirft und der immer neue Schuld-kreise zieht.

Ich bin meiner Schwester heute noch sehr dankbar für ihre Anregung, denn Schuldgefühle gehören zu den Geheimver-trägen, und zwar zur übelsten Sorte. Eigentlich sind sie sitten-widrig. Gerade Frauen, so meine Erfahrung, leiden oft unter Schuldgefühlen. Das liegt daran, dass sie eine gewisse Rolle für sich akzeptieren, und wenn sie diese nicht erfüllen, be-ginnt das Kopfkarussell, und sie machen sich selbst fertig. Ach, wie leid tun mir die jungen Mütter, die alles so gut orga-nisieren, Familie und Beruf unter einen Hut bekommen und trotzdem an Schuldgefühlen gegenüber den Kindern, Kolle-gen, dem Ehemann und womöglich auch noch ihrer eigenen Mutter leiden, weil sie so wenig Zeit für sie haben. Schuldge-fühle spucken in die Suppe des Lebens! Dieses Gericht sollten wir zurückweisen, meine Suppe ess ich nicht!

Doch so einfach ist das leider nicht, Schuldgefühle sind nämlich zäh, und auch ich kaute lange daran herum, obwohl ich dem Vorschlag meiner Schwester folgte und als Au-pair-Mädchen für ein Jahr nach England zog.

Zu jedem Lebensabschnitt gehören andere Menschen

Mit meiner Au-pair-Familie in Birmingham hatte ich großes Glück, ja, ich durfte sogar noch einmal einen väterlichen Freund an meiner Seite erleben. Ich nannte den Herrn des Hauses, Leiter der theologischen Fakultät der Universität, meinen Au-pair-Daddy. In dieser Eigenschaft war er bestrebt, mir meinen Aufenthalt so lehrreich wie möglich zu gestalten. Au-pair-Daddy bat Garry, einen Medizinstudenten, sich um mich zu kümmern, mir die Stadt zu zeigen, mit mir ins Museum zu gehen und mich auch zu Studentenversammlungen mitzunehmen. Selbstverständlich sollte Garry mich immer sofort verbessern, wenn ich mich ungeschickt ausdrückte. Was für eine tolle Gelegenheit, sich gleich in diesen gut aussehenden, fürsorglichen Medizinstudenten zu verlieben. Eine bessere Motivation, um die Sprache zu lernen, gab es nicht, auch wenn ich manche seiner Verbesserungsversuche mit einem Kuss zum Schweigen brachte. Garry zeigte mir Birmingham, in Stratford-upon-Avon lauschten wir Shakespeare und fühlten uns herrlich romantisch.

Viele Tränen flossen, als ich zurück nach Deutschland musste, doch Garry wollte mich bald besuchen. Ich konnte seine Ankunft kaum erwarten. Aber dann geschah etwas Seltsames. Der tolle Garry hatte seine Strahlkraft eingebüßt, denn in Deutschland war ich diejenige, die ihm alles zeigte, und das ließ ihn für mich blass erscheinen. Es bereitete mir großen Kummer, denn ich mochte ihn sehr, doch ich merkte, dass er sich in gewisser Weise in eine falsche Greta verliebt hatte. Ich war kein kleines Mädchen, das man an die Hand nehmen musste. Ich war eine junge Frau, der es nach der Zeit im Ausland nicht an Selbstbewusstsein mangelte. Ich war keine Ingrid, ich wollte nicht klein sein, damit ein Mann sich groß fühlen konnte. Sicher, in England hatte Garry das meiste besser gewusst als ich. Doch in meiner Heimat hatte ich die Hosen an, und Garry war unsicher, und das machte ihn wiederum unattraktiv für mich.

Sollte ich ihm etwa seine Würde zurückgeben, indem ich behauptete, Dinge nicht zu können, die mir geläufig waren?

Das hätte ich nicht geschafft, und dabei ist es geblieben. Auch später in meinem Leben habe ich am liebsten alles selbst gelernt und bin selbst vor handwerklichen Aufgaben, die man in meiner Altersgruppe landläufig Männern überließ, nicht zurückgeschreckt. Natürlich konnte ich mit einer Schlagbohrmaschine umgehen, Wasserhähne entkalken, Knie unter Waschbecken befestigen, Sicherungen wechseln. Es dauerte lang, bis mir schwante, dass ich mir damit ein Eigentor geschossen hatte. Je mehr ich konnte, desto länger wurde meine Aufgabenliste. Eines Tages dachte ich, wie raffiniert von Mutti, die manches aus Prinzip nicht erledigt hatte – das war dann einfach Männersache. Allein das Rasenmähen habe ich auch so behandelt, und ich bin fast ein wenig stolz, dass ich behaupten kann, niemals in meinem Leben einen Rasen gemäht zu haben!

Mit einundzwanzig trennte ich mich von Garry und fühlte mich abermals schuldig, denn hatte ich diesen wunderbaren Menschen nicht ziemlich unfair behandelt? In Birmingham war er gerade recht gewesen, aber hier genügte er mir nicht? Streng ging ich mit mir selbst ins Gericht, doch wäre ich mit ihm zusammengeblieben, hätte ich mich schuldig mir selbst gegenüber gemacht. Wie ich es auch drehte und wendete, ich sah keine andere Möglichkeit als die Trennung, die mich jedoch sehr traurig machte, weil ich Garry nicht wehtun wollte. Und ich weinte auch um meine verlorene Liebe, sie war einfach verschwunden, gerade so als könnte sie nur in England gelebt werden. Aber dorthin wollte ich nicht zurück. Ich litt sehr darunter, Garry unglücklich zu machen, und fühlte mich als schlechter Mensch.

Heute weiß ich, dass uns in jeder Lebensphase andere Menschen begegnen und unterstützen, das ist ganz natürlich. Ja, es mag Konstanten geben, die einen ein Leben lang begleiten, wie die Familie, doch je nachdem, wo wir selbst in unserer Entwicklung stehen, interessieren uns andere Menschen für eine kurze oder längere Weile – und verschwinden dann auch wieder, ohne dass etwas Besonderes vorgefallen sein muss; die Wege trennen sich einfach. Und das ist auch gut so, wie ich immer wieder gemerkt habe, wenn ich einen Kontakt von früher aktivieren wollte, weil mir ein bestimmter Mensch einfiel und ich mich fragte, was wohl aus ihm geworden war. Das Wiedersehen mit einem Menschen aus der Vergangenheit entbehrt jedoch oft einer verbindenden Gegenwart und ist dann nur so lange interessant, wie es dauert, die alten Geschichten aufzuwärmen. Das macht durchaus Spaß, doch einen zweiten oder dritten Aufguss brauche ich nicht. Lieber lerne ich neue spannende Menschen kennen, es gibt ja genug von ihnen!

Wie gravierend Freundeskreise wechseln, erlebte ich zum ersten Mal, als ich Mutter wurde und in eine andere Welt eintrat, die meine kinderlosen Freundinnen nicht nachvollziehen konnten – bis sie selbst Mutter wurden. Heute versuche ich nur noch äußerst selten, einen alten Kontakt zu aktivieren. Ich freue mich in der Erinnerung einfach daran, dass ich diesen oder jenen Menschen kennenlernen durfte und wir so viel Tolles miteinander erlebt haben. Und da ich nach dem Erlebnis mit Garry immer darauf achtete, ohne Schuldgefühle in meinem Leben weiterzuziehen, sind meine Erinnerungen leicht und frei.

Schuldgefühle belasten das Lebensglück ungemein. Wer sich schuldig fühlt, kann nicht glücklich werden!

Schuldgefühlen kündigen

Frag dich, wofür du Schuldgefühle in deinem Leben brauchst. Fühlst du dich besser mit Schuldgefühlen? Machen sie dich stark? Nein, sicher nicht. Also kannst du auf sie verzichten. Es ist möglich, glaub mir, denn nach langem Training ist es mir gelungen, sie aus meinem Kopf zu werfen – weil ich sie nicht haben will. Manchmal fällt es mir noch etwas schwer, dann muss ich mir extra sagen, dass ich von Herzen gerne etwas für andere Menschen tun möchte und nicht aus einem Schuldgefühl heraus. Ich stelle mir vor, wie andere mir mit Schuldgefühlen helfen würden, schlecht gelaunt, was sie womöglich verbergen, mit unguten Gedanken, genervt, nicht aus vollem Herzen. Das würde mir nicht gefallen, und indem ich darüber nachdenke, verschwinden meine eigenen Schuldgefühle dann meistens oder werden zumindest leiser. Eigentlich müsste ich in einer solchen Situation Schuldgefühle mir selbst gegenüber haben, weil ich mit Schuldgefühlen gegen meine Überzeugungen und Werte lebe. Im Zweifelsfall hilft der klare Verstand, der Geheimverträge entlarvt.

Auch Schuldgefühle, die sich einstellen, weil ich selbst andere verletzt haben könnte, sind nicht wirklich nützlich. Sinnvoller ist es, zu handeln, sich zu entschuldigen und vor allen Dingen: es in Zukunft besser zu machen. Mitleid mit Schuldgefühlen ist unangebracht, denn sie arbeiten mit üblen Tricks. Schuldgefühle sind Erpresser. Wer ihnen einmal etwas gibt, wird immer wieder angezapft. So beginnt eine Spirale des Unglücks. Also besser ohne, von Anfang an!

Trauer schafft Tiefe – damit ganz viel Freude reinpasst

Ich blieb nicht lange allein, denn der Schwarm meiner Jugend tauchte überraschend wieder auf, wenn auch nicht bei mir, sondern bei meiner Mutter. Johannes schien einen Narren an uns gefressen zu haben. Zuerst war er mit meiner älteren Schwester liiert gewesen, dann ging er einige Male mit mir aus, und als ich in England war, besuchte er unsere Mutter und ihren Dackel mit seinem Boxer. Mutti war begeistert von den gemeinsamen Gassirunden und richtete mir aus, dass Johannes mich gerne wiedersehen wollte.

Wir knüpften dort an, wo wir aufgehört hatten, und bald merkte ich, dass Johannes sich mehr wünschte als eine Freundschaft. Doch von der Liebe hatte ich erst einmal genug. Ich kaute noch immer an meiner gescheiterten Beziehung mit Garry herum und wollte mich nun vordringlich um eine Anstellung kümmern. Aus den zahlreichen Angeboten entschied ich mich für eine Bürotätigkeit in Frankfurt. Dort besuchte Johannes mich häufig und zeigte mir mit vielen Kleinigkeiten und großen Gesten, wie wichtig ich ihm war. Das beruhte auf Gegenseitigkeit, doch ich traute meinem Herzen nicht, das sich bei Garry geirrt hatte. Eines Tages meinte Johannes: »Eigentlich können wir uns nur richtig gut kennenlernen, wenn du nach Hamburg ziehst.«

»Aber ich hab doch hier einen Job und die Wohnung und ...«

»Das kann man alles kündigen. Zumal du ja ohnehin dieses spannende Jobangebot in Hamburg hast, oder?« Das war richtig, ich hatte mich deutschlandweit beworben.

Drei Tage später bezog Johannes das Sofa in seiner Wohnung und überließ mir sein Bett. Am nächsten Morgen konnte er kaum gerade stehen, doch er jammerte nicht. Innerhalb einer Woche trat ich meinen neuen Job in einer Anwaltskanzlei an und fand ein möbliertes Zimmer. Johannes konnte zurück in sein rückenfreundliches Bett, das ich noch immer mied. Ich konnte mir einfach nicht vorstellen, von einem Mann zum anderen zu wechseln. Johannes brachte mir zu jedem Treffen eine Rose mit und sagte grinsend sein Sprüchlein auf: »A rose per day keeps the doctor away.« Garry hatte ja Medizin studiert. Mit solchen charmanten Ideen fing er mich dann doch ein, wenigstens für ein paar Wochen, dann trennte ich mich von ihm, weil mir alles zu viel wurde.

Ach! Welche Gefühlsverwirrung! Mit großem Mitgefühl und prickelnder Freude habe ich mich für dieses Buch an meine Liebesvergangenheit zurückerinnert. Ist es nicht umwerfend, was man im Alter alles einfach so abrufen kann? Und man kann sich dieses Kinoprogramm selbst zusammenstellen. Auf den Liebeskummer verzichte ich, ich picke mir die Rosinen heraus. Heute weiß ich, wie die Geschichte weiterging, damals bangte ich. Meine ganze Zukunft war ungewiss. Ich bedaure es, kein Tagebuch geführt zu haben. Welche Perlen ich da wohl finden würde, vergessene Episoden, die mir damals vielleicht wie ein Weltuntergang vorgekommen waren.

Ich sehe mich noch vor der Schreibmaschine in der Anwaltskanzlei sitzen, Tränen tropften auf die Tasten. Ich weinte nicht
um Johannes, sondern weil es so schwer war, meine Gefühle
zu verstehen, die am liebsten Karussell fuhren. In Hamburg
war ich fremd, keiner Freundin konnte ich mich anvertrauen,
und meine Schwestern weilten wie immer im Ausland. Und so
schrecklich das alles war, so schön empfinde ich es heute aus
der sicheren Warte des Happy Ends. Selbstverständlich würde
ich mich auch heute noch auf eine solche Gefühlsverwirrung
einlassen! Wenngleich ich nicht sicher bin, ob ich noch einmal
so durcheinander sein könnte wie damals. Was die Schmetter-
linge im Bauch betrifft, schon, doch die Unsicherheit, ob die
eigenen Entscheidungen auch richtig sind, die quälenden
Zweifel der Jugend habe ich abgelegt. Und dafür liebe ich das
Alter auch. Alles ist viel klarer und dabei nicht weniger schön.
Vielleicht sogar noch konzentrierter, weil die Ablenkung
nachlässt. Das ist ein großer Gewinn. Wenn ich die Welt früher zweidimensional sah, so eröffneten sich mir mit der Zeit
weitere Dimensionen.

Ich finde diese junge Frau, die ich einmal war, sympathisch
und anrührend, ich betrachte sie liebevoll und würde sie auch
mal gern in den Arm nehmen. Ich schmunzle ein bisschen
über sie und hoffe, dass ich in zehn Jahren, wenn ich diesen
Absatz lese, dasselbe von mir denke, dass ich diese Frau ganz
passabel finde. Ich hoffe, sie hat sich verändert. Und vor allem
hoffe ich, dass sie nicht irgendwann stehen geblieben ist und
nur noch zurückgeblickt hat! Denn auch wenn es schön und
spannend ist, sich zu erinnern: Die Zeit, die gerade stattfin-
det, ist die kostbarste. Das Jetzt ist immer die beste Wahl.
Wenn ich aufmerksam in der Gegenwart bin, entdecke ich so

vieles, was mir sonst entgehen würde, die berühmten Kleinigkeiten. Hier ein Eichhörnchen, dort ein entzückendes Mädchen an der Hand seiner Mutter, und wie die Regentropfen auf der Terrasse platschen. Diesen Blick für Kleinigkeiten hatte auch die junge Frau von damals. Und so stelle ich fest, dass es darum geht, gute Eigenschaften zu bewahren – hierzu würde ich Neugier auf das Leben zählen – und störende Eigenschaften abzulegen. So wird das Alter zur Essenz des schönen Lebens.

Die Schatztruhe des Lebens

Wie denkst du über den jungen Menschen, der du einmal warst? Bist du gerührt, schämst du dich, würdest du ihm gern über die Wange streicheln oder ihn in den Arm nehmen? Und welche Schätze hat dieser junge Mensch, der du einmal warst, in die Schatztruhe deines Lebens gelegt? Sie gehören noch heute zu deinem Besitz, niemand kann sie dir wegnehmen.

Ich bin mir sehr bewusst darüber, dass ich keine flache Scheibe Mensch bin, ich setze mich aus vielen kleinen und größeren Teilen zusammen, die im Lauf des Lebens zu der Persönlichkeit gewachsen sind, die ich heute verkörpere. In zwei, drei Jahren wird diese Persönlichkeit wieder anders aussehen, und das beruhigt mich. Die Persönlichkeit, die ich mit vierzig oder fünfzig war, habe ich abgelegt, wenngleich ihre Teile weiter in mir wirken. So ist alles im Fluss, und manchmal bin ich vielleicht dreißig und dann wieder siebzig, und dann wieder stelle ich mir vor, wie es mit achtzig sein wird, und freue mich schon auf den Abgleich, ob ich recht gehabt haben werde in der Annahme, dass ich mich geirrt haben werde. In jungen Jahren konnte ich nicht so munter durch die Zeiten springen, deshalb genieße ich es jetzt doppelt.

In unserer Schatztruhe finden sich übrigens nicht nur Geschmeide. Auch schmerzhafte Erfahrungen, ja, gerade sie, werden hier aufbewahrt – und können sich im Lauf der Jahre in Reichtum verwandeln: einen Goldschatz an Erfahrungen. Damit dieser Prozess geschieht, ist es allerdings unabdingbar, dass du dich dem Schmerz stellst. Akzeptiere die Tatsache, dass er zu deinem Leben gehört und einen Platz in deiner Schatztruhe verdient in der Gewissheit, die Zeit wird ihn zum Glänzen bringen.

Ein unverbindlicher Heiratsantrag

Johannes ließ nicht locker, umwarb mich weiterhin mit seinen Aufmerksamkeiten, die mich oft rührten. Er wusste, dass ich Gedichte liebte, und als er bei einem Spaziergang am Elbstrand Theodor Storm um Hilfe bat, konnte ich nicht mehr hart bleiben.

Die Zeit ist hin

Die Zeit ist hin; du löst dich unbewußt
Und leise mehr und mehr von meiner Brust;
Ich suche dich mit sanftem Druck zu fassen,
Doch fühl' ich wohl, ich muß dich gehen lassen.
So laß mich denn, bevor du weit von mir
Ins Leben gehst, noch einmal danken dir;
Und magst du nie, was rettungslos vergangen,
In schlummerlosen Nächten heimverlangen.
Hier steh' ich nun und schaue bang zurück;

Vorüberrinnt auch dieser Augenblick,
Und wieviel Stunden dir und mir gegeben,
Wir werden keine mehr zusammenleben.

Ich musste so unglaublich weinen, konnte mich kaum fassen. Es war, als würde ich alle Anspannung loslassen, nicht nur meine Unentschiedenheit, sondern auch meinen Kummer. Dass ich Garry verletzt hatte und auch der Tod meines Vaters standen mir noch einmal vor Augen.

Johannes berührte vorsichtig meine Hand. Da sprangen elektrische Funken über – ich weiß es genau. Einige Wochen später kündigte ich mein Zimmer und zog zu ihm. Und das war Johannes noch immer nicht genug. Bei einem Stadtbummel blieb er wie zufällig vor dem Schaufenster eines Juweliers stehen.

»Wir könnten ja mal ganz unverbindlich Eheringe anschauen für später. Was meinst du?« Und als mir welche gefielen: »Die könnten wir doch schon mal in Auftrag geben für später.« Und als wir die Ringe nach vier Wochen abholten, meinte Johannes: »Das wäre doch jetzt albern, wenn wir sie weglegen würden. Wir könnten sie doch als Verlobungsringe tragen.« So schlidderte ich in die Ehe und habe es nie bereut! Bald danach fand ich auch beruflich einen sicheren Hafen bei einem amerikanischen Computerriesen. Als Abteilungssekretärin fing ich an und wechselte rasch in das Vorzimmer des Leiters der Niederlassungen Norddeutschland. Eigene Projekte wurden mir zur selbstständigen Erledigung übertragen, und ich erhielt viel Zuspruch und Anerkennung – wobei ich mich oftmals fragte, ob das wirklich mir galt oder nicht eher meiner Position als Hürde, die es zu überwinden galt, wollte man einen Termin beim obersten Chef.

Geschenke

Für eine weitere Beförderung sollte ich einen schriftlichen Test machen, in den wohl auch einige Fragen aus der Psychologie geschmuggelt worden waren: Welches Ereignis in Ihrem Leben hat Sie am positivsten geprägt?

Der Tod meines Vaters, dachte ich spontan, erschrak, schob diese unglaubliche Antwort beiseite, suchte eine andere, beendete den Test. Ich spürte, dass etwas in mir geschehen war, wollte diesen ungeheuerlichen Gedanken aber nicht weiterverfolgen. Was sollte am schrecklichsten Ereignis meines Lebens positiv sein? Papis früher Tod war entsetzlich für mich gewesen, und auch wenn ich seither viel gelacht und viel Schönes erlebt hatte, ich hatte ihn nie vergessen, ich hatte nie aufgehört, ihn zu vermissen. Doch ich konnte nicht zurück. Es war, als ginge ein Riss durch mein Leben, und auf der anderen Seite lauerte irgendetwas. Tagelang quälte ich mich, weil der Gedanke immer wieder auftauchte. Ich konnte ihn nicht einfach so wegschieben, ich spürte, dass er etwas sehr Wichtiges beinhaltete. In gewisser Weise war ich in Trauer und hatte lange Jahre in einer Art Schockstarre verharrt. Die verließ mich nie ganz, vergleichbar mit einem Tinnitus, immer da, auch wenn ich fröhlich oder verliebt war. Mit dem Tod meines Vaters schien ein Teil von mir eingefroren zu sein. Dieser Teil taute nun auf. Ich erkannte nach und nach, dass es in den zurückliegenden Jahren einige »Geschenke« für mich gegeben hatte, die meine Persönlichkeitsentwicklung gefördert hatten. Das größte Geschenk war tatsächlich der Tod meines Vaters, und dem sah ich nun in die Augen. So entsetzlich er für mich war, ich hatte die Verantwortung für mein Leben übernommen, Mutti geholfen zurück ins Leben zu finden. Papis Tod hatte mich ein Stück weit gelehrt, das Leben zu verstehen. Und das konnte ja wohl nur bedeuten, dass jedes schlimme Erlebnis ein Geschenk sein mochte, wenn es mir gelang, das Positive daran zu sehen. Ich fällte eine wichtige Entscheidung für meine Zukunft: Nie wieder würde ich in meinem Leben nur auf das Schwarze, Schmerzhafte starren, ich würde immer auch nach den »Geschenken« suchen. Der Volksmund weiß das alles längst: Jede Medaille hat zwei Seiten.

Die Vergangenheit ist ein Sprungbrett in die Zukunft

»Wer weiß, wozu es gut ist.« Jeder kennt den Spruch, und wenn wir etwas Unschönes erleben, hoffen wir oft, dass wir in der Zukunft ausgleichend belohnt werden. Ich habe es schon etliche Male erleben dürfen, dass sich ein Ereignis, das mir viel abverlangte, später als ein Segen herausstellte. Doch manchmal dauerte dieses Später ganz schön lange. Seltsamerweise benimmt man sich in jungen Jahren, als hätte man wenig Zeit, und möchte, dass sich die Dinge schneller entwickeln. Je älter ich geworden bin, desto mehr Zeit gebe ich mir, und gleichzeitig begrüße ich nun sogar manche nicht so schöne Entwicklung freudig, denn wer weiß, wozu sie einmal gut ist. Natürlich wäre es mir lieber, Negatives würde nicht passieren, doch das gehört nun mal zum Leben dazu. Längst weiß ich: Wenn es wehtat, habe ich am schnellsten gelernt. Und so möchte ich diese Begebenheiten auch behandeln. Es liegt an mir, wie ich in meine Vergangenheit schaue – ob ich sie als traurig bezeichne und abhake oder ob ich einen zweiten Blick wage, um die eine oder andere Kostbarkeit zu entdecken. Und

Letzteres ist keine Zeitverschwendung, im Gegenteil. Es macht einen Riesenunterschied, ob ich, das Resultat meiner Vergangenheit, mich glücklich oder unglücklich erinnere, da sich diese Stimmung ja fortsetzt über die Gegenwart in die Zukunft. Das Tolle an der Vergangenheit ist, dass man sie jederzeit verändern kann mit dem Einverständnis, dass es gut so gewesen ist.

Ich bin in meinem Leben von weiteren schrecklichen Schicksalsschlägen verschont geblieben, doch es gab immer wieder Situationen, in denen mir der Gedanke an die zwei Seiten der Medaille half. Es kommt darauf an, das große Ganze im Blick zu behalten. Je älter ich wurde, desto leichter fiel mir das, weil ich es ja immer mehr erlebt hatte und mich darauf verlassen konnte: Es gibt die zweite Seite. Meine Familie nervte ich manchmal damit. Besonders meine Kinder fanden es nicht toll, wenn ich ihren Kummer zu schnell auf die andere Seite der Medaille lenken wollte. Denn natürlich steht an erster Stelle das Leid, der Ärger, die Wut über etwas, das anders hätte laufen sollen. Diese Gefühle sollten wir nicht verdrängen, sondern durchaus wahrnehmen. Danach kommt es aber darauf an, ob wir darin verharren oder die Medaille umdrehen. Das ist der Dreh- und Angelpunkt für ein glückliches Leben.

Panta rhei, alles fließt – natürlich kannte ich diesen wunderbaren Begriff des Philosophen Heraklit. Doch was er bedeutete, erschloss sich mir erst, als ich schon einige Runden auf dieser schönen Erde gedreht hatte. Ist das nicht großartig? Dass sich uns, auch wenn wir stets die gleichen Runden drehen, immer wieder neue Erkenntnisse offenbaren, die beweisen, es waren eben nicht dieselben Runden, nur die gleichen.

Veränderung ist die Essenz des Lebens! Wenn das Leben fließt, kann es sich auch oft verändern wie ein Bach, der über Steine sprudelt. So wünsche ich mir mein Leben, immer wieder etwas Neues, bloß kein Stillstand! Das heißt natürlich, dass wir uns von Dingen verabschieden müssen. Denn wenn wir das Leben anhalten wollen, wenn wir den Fluss blockieren, wenn es keinen frischen Zulauf gibt, wird das Wasser faulig.

Wie sich Schreckliches in Schönes verwandelt

Im Alter ist das Medaille-Drehen wie ein Fingerschnippen, denn wir blicken auf den Erfahrungsschatz eines ganzen Lebens zurück. Wie war das bei dir? Erinnerst du dich an schlimme Ereignisse, die sich im Nachhinein als Geschenke entpuppt haben? Manchmal trauen wir uns das nicht zuzugeben, weil das Ereignis etwas so Schreckliches ist. Bei der Erkenntnis des Geschenkes, das mir mein Vater mit seinem Tod gemacht hatte, kam ich mir anfangs vor, als würde ich ihn verletzen. Doch das war nur zu Beginn, als mir diese Art des Denkens noch neu war. So möchte ich dich ermutigen, weiterzugehen, auch wenn es einmal schmerzhaft ist, weil du damit vielleicht einen Teil deiner Lebensgeschichte neu gestaltest, umschreibst: Welche Geschenke habe ich vom Leben bekommen, die ich erst auspacken musste ...

Schreibe dir eine Liste oder bewahre zwei, drei solcher Geschenke im Gedächtnis und krame sie hervor, wann immer du Gefahr läufst, nur eine Seite der Medaille zu sehen. Es gibt eine zweite. Immer! Je älter, desto öfter. Und dazu gehört auch, dass wir die Wahrheit mit zunehmender Lebenserfahrung differenzierter betrachten. Aber was ist eigentlich Wahrheit?

Wie wahr ist meine Wahrheit?

Früher war' ich felsenfest davon überzeugt, im Besitz der Wahrheit zu sein: Alles wäre genau so, wie ich es sah, dachte, interpretierte. Als ich mit meinen beiden älteren Schwestern einmal über unsere Kindheit sprach, musste ich zu meiner Verblüffung feststellen, dass sie ganz anders über ihre Kindheit sprachen, ja, es kam mir gerade so vor, als wären wir bei verschiedenen Eltern an verschiedenen Orten aufgewachsen. Natürlich wollte jede der anderen beweisen, dass sie recht hatte. Doch das gelang nicht, und so stellten wir schließlich fest, dass jede von uns ihre eigene Erinnerung pflegte. Nebenbei bemerkt war ich natürlich weiterhin der Meinung, dass ich recht hätte, getreu dem Spruch: Wenn ich dir zustimme, liegen wir beide falsch.

Eines Tages wurde mir klar, dass jeder Mensch, nicht nur meine Schwestern, seine eigene Wahrheit hat. Bei Schwestern fällt so etwas natürlich deutlicher auf, da man viel gemeinsam erlebt hat. So kam ich zur nächsten Frage, nämlich, wie ich auf die Idee kommen konnte, dass meine Wahrheit wahrer als die der anderen sei. Ich musste mir eingestehen, dass unsere Wahrheiten gleichberechtigt waren. Das erschreckte mich, denn plötzlich war die Wahrheit nichts Verlässliches mehr. Ich fühlte mich in meinen Grundfesten erschüttert. Vielleicht dauerte es deshalb noch einige Jahre, bis ich diese Erkenntnis auf mein gesamtes Leben übertragen konnte. Außerdem hatte ich sie nur auf meine Kindheit bezogen. Später wurde ich erneut mit dieser Wahrheit über die Wahrheit konfrontiert – in einer Beziehung, in der ich es nicht für möglich gehalten hätte. Denn Johannes und ich, wir waren doch ein Herz und eine Seele. Ja, das mag sein, aber auch wir gingen in immer mehr Situationen von verschiedenen Wahrheiten aus. Letztlich muss jeder Mensch erkennen, dass die Verteidigung der eigenen Wahrheit in Rechthaberei endet. Für mich war es ein erlösender Moment, als ich zum ersten Mal den Zaubersatz aussprach: »In meiner Welt sieht das anders aus.« Seither habe ich ihn unzählige Male gesagt, und er hat mich jedes Mal erleichtert und mich vor vielen unfruchtbaren Auseinandersetzungen bewahrt, und deshalb möchte ich ihn auch dir ans Herz legen!

Wir alle wollen glücklich sein – und wir werden scheitern, wenn wir nicht akzeptieren, dass jeder nach seiner Wahrheit glücklich werden möchte. Dennoch gibt es Wege, zwei Wahrheiten zu verbinden. Die Liebe schafft das. Aber auch ein kluger Verstand. Es ist sinnlos, die eigene Wahrheit zu verteidigen. Wenn ich an die Kindheitserinnerungen meiner Schwestern und mir denke, wird mir klar, wie unterschiedlich unsere Prägungen waren. Der Schmerz über den Tod ihres Vaters wird viele Jahre mit einem Grauschleier belegt haben. Wohingegen ich gleich voller Übermut ins Leben stürmen durfte. So kann ich gut verstehen, dass unsere Erinnerungen unterschiedlich waren.

So geht es auch bei anderen Erlebnissen. Man hat einen ganz unterschiedlichen Tag erlebt. Der eine trägt noch den Ärger aus der Firma mit in das gemeinsame Konzert und stört sich an Kleinigkeiten, die der andere gar nicht wahrnimmt, weil der sich völlig entspannt von seiner Lieblingsmusik davontragen lässt. Schon werden unterschiedliche Erinnerungen an das gemeinsame Erlebnis abgespeichert. Für jeden ist es die Wahrheit.

Wir sind also vielmehr aufgerufen, eine gemeinsame Wahrheit zu finden. Ideal erscheint es mir, wenn wir unsere unterschiedlichen Wahrheiten als Bereicherung erkennen und nicht bekämpfen. Wenn wir zulassen, dass es mehr Facetten gibt. Das Bild im Kopf von dieser Wahrheit wird größer als vorher gedacht. Du malst jetzt über den eigenen Bilderrahmen hinaus, nimmst neue Farben hinzu. Herrlich entspannend ist, dass der Kampf aufhört, was falsch und was richtig ist. Und das, davon bin ich überzeugt, gelingt einfacher, wenn wir ein bisschen älter sind.

Lass dich auf etwas ein, dessen Ende du nicht absehen kannst

Schulden? Kamen für mich nicht in die Tüte. Ich hätte eine Beamtentochter sein können. Ich kann mich nicht erinnern, dass ich das zu Hause gehört hatte, doch es war klar: Schulden macht »man« nicht. Dann sah ich das Haus. Es fuhr mir mitten ins Herz. Schockverliebt. Johannes war auf Dienstreise. Am Telefon hatte er mich gebeten, dieses Objekt einmal anzusehen, denn für unsere geplante Familie suchten wir ein gemütliches Nest. Das wunderschöne Haus am Stadtrand von Hamburg überstieg unsere finanziellen Vorstellungen. Aber es war unser Traumhaus. Und der große verwunschene Garten. Es war viel zu teuer. Aber der Erker. Es war nicht unsere Preisklasse. Aber wie wohnlich es geschnitten war! So ging es hin und her. Johannes und ich beschlossen, nach günstigeren Objekten Ausschau zu halten. Jedes Mal, wenn wir zu einem Haus fuhren, hofften wir, es möge nicht so schön sein wie – wir nannten es schon so: unseres. So merkten wir schließlich, dass unsere Entscheidung gefallen war. Für mich war das allerdings nicht leicht. Ich musste mein Herz in die Hand nehmen und ins Ungewisse springen. Zum einen finanziell, zum anderen bedeutete das Haus sehr viel Arbeit.

Renovieren war bitter nötig. Wir schufteten abends und am Wochenende und entdeckten ständig neue Baustellen. Der alte Holzfußboden im Wintergarten war gammelig und musste raus wie so manche Wand. Elektrische Leitungen baumelten gefährlich von der Decke, faulige Fensterbänke mussten ersetzt werden – es nahm kein Ende. Zum Glück stand uns ein Fachmann zur Seite, der uns beaufsichtigte und wenn nötig Fachleute besorgte, die sich um die Elektrik und anderes kümmerten. Johannes war sehr geschickt, ich lernte viel von ihm, doch wir waren eine solche körperlich anstrengende Arbeit nicht gewohnt.

Kaum glaubten wir, jetzt aber endlich bald einziehen zu können, entdeckten wir den nächsten Mangel, der unbedingt noch beseitigt werden musste. Nicht nur einmal wollten wir noch schnell eine Kleinigkeit beheben und eröffneten damit eine Großbaustelle, weil uns eine Wand entgegenkam. Auf einer Großbaustelle lebten wir dann auch selbst noch lange nach unserem Einzug. Immerhin veränderte sie sich bis zur Geburt unseres ersten Sohnes in eine Kleinbaustelle, und wir versicherten uns trotz aller Mühen immer wieder strahlend vor Glück, dass wir uns mit dem Kauf dieses Hauses richtig entschieden hatten.

Entscheidungshilfe für Glückssucher

Wir haben die Entscheidung, dieses Haus zu kaufen, nie bereut, obwohl es ein finanzielles Risiko war. Aber wir haben auf unser Herz gehört und es gewagt. Oft merken wir im Alltag gar nicht, dass wir uns entscheiden könnten. Es läuft einfach so dahin in den gewohnten Bahnen. Wir machen das, was wir immer machen. Da steht doch keine Entscheidung an? Oh doch! Alles, was wir lange nicht hinterfragt haben, sollte auf den Prüfstand. Denn wir verändern uns, und wenn wir immer dasselbe tun, geben wir unseren neuen Flügeln keinen Raum, sich zu entfalten. Ja, es ist ein schöner Brauch, das Wochenende mit dem Freitagabend-Krimi zu beginnen. Aber ist der wirklich noch prickelnd, nachdem du mehrere Hundert dieser Machart gesehen hast? Und ist die Stunde nach dem Sport mit der Clique wirklich in deinem Sinne? Du entscheidest nicht nach Lust und Laune. Du gehst mit, weil das immer so gemacht wird. Überlege dir einmal, wie viele solcher Situationen es in deinem Alltag gibt. Du wirst staunen, wie viel Stoff für Entscheidungen du finden wirst, und wenn du den Mut hast, die eine oder andere Entscheidung auch zu fällen, wirst du viel Zeit gewinnen, die du nach deinen neuen Vorlieben gestalten kannst.

Zwei Schritte zu einer guten Entscheidung:

» Spüre in dich hinein, ob du lustvoll Ja zu den Dingen sagst. Wenn nicht, wenn du nur aus Pflichtbewusstsein Ja sagst – dann wäre ein Nein angebrachter.

» Frage dich nun, ob du bereit bist, die Konsequenzen zu tragen, die ein Nein nach sich ziehen würde. Stärke dich dabei mit positiven Vorstellungen der Konsequenzen. Wenn du den Teufel an die Wand malst, wirst du es niemals schaffen, dich zu einem – lustvollen – Nein zu entscheiden.

Also: Denke positiv, wage es, dich spontan zu entscheiden. So bewahrst du dir deinen Handlungsspielraum – eine Voraussetzung für dein glückliches Leben.

Glück ist keine Selbstverständlichkeit, sondern eine Kleinigkeit

Ich erinnere mich noch sehr gut an einen Nachmittag in unserem Garten, Johannes und ich waren übermütig und fühlten uns unbeschwert. Eng umschlungen, als würden wir spazieren gehen, liefen wir im Gleichschritt über das frisch gemähte Gras. Wir waren so stolz auf alles, was wir bis zu diesem Tag geschafft hatten. Der Garten war beim Hauskauf ein undurchdringliches Dickicht gewesen, ich nannte es Dornröschenidylle, und nun konnten wir barfuß auf unserer eigenen Wiese laufen. Wie immer traten wir uns dabei manchmal – ohne aus dem Gleichschritt zu kommen, so die Spielregel – in den Allerwertesten. Und dann lachten wir uns kringelig. Hand in Hand blickten wir auf unser Haus und wussten, dass nun nur noch eines fehlte, um unser Glück zum Leuchten zu bringen: Kinder. Es war ein wunderbarer Moment, und ich sagte zu Johannes: »Nie im Leben darf es passieren, dass wir das hier wie etwas Selbstverständliches betrachten. Ich will immer wissen und spüren, wie besonders es ist, dass wir das geschafft haben.«

In den nächsten Jahren gab es noch den einen oder anderen Baustopp, wenn uns das Geld ausging. Erst zehn Jahre nach der ersten vollständigen Renovierung nahmen wir den Anbau in Angriff, weil unsere Familie mit einem dritten Kind weiterwachsen sollte. Wäre ich zu jenem Zeitpunkt schwanger geworden, den wir uns seinerzeit gewünscht hatten, hätten wir dieses Haus niemals gefunden. So schließen sich viele Kreise, und je älter ich werde, desto mehr von ihnen erkenne ich. Manchmal wache ich morgens auf und bin gespannt, ob ich auch an diesem Tag wieder solch einen aufregenden Zusammenhang aufspüre.

Alles ist richtig, so wie es geschieht. Alles war richtig, wie es geschah. Die Geschichte des langen Wartens auf unser erstes Kind ist für mich ein wunderbares Beispiel, dass sich im Leben die Dinge auf den ersten Blick anders darstellen können, als sie sich mit der Zeit entpuppen. Hätte damals alles nach Plan geklappt, wäre ich vielleicht nie auf die Idee gekommen, meinen ersten Geheimvertrag zu kündigen, dessen Auflösung den Grundstein für mein Glück bildete. Diese Erkenntnis befreit mich immer wieder aufs Neue von jedem Anflug eines pessimistischen oder ängstlichen Blicks in die Zukunft. Ich lebe heute noch immer in diesem Haus und freue mich daran, und es ist niemals eine Selbstverständlichkeit für mich.

Dankbarkeit ist ein Glücksmotor

Mich begeistert immer wieder, welch herrlicher Koffer voller Werkzeug uns zur Verfügung steht, um unsere Basisfröhlichkeit anzuheben. Ein sehr wichtiges Werkzeug ist für mich die Dankbarkeit, die mir viel Glück geschenkt hat. Und damit meine ich nicht die landläufige Dankbarkeit, die ich beispielsweise als Kind zeigen sollte, wenn mir eine Tante ein Bonbon schenkte, und die an das schlechte Gewissen gekoppelt war, wenn ich mich nicht begeistert genug bedankte. Das waren andere Zeiten! Damals sollten Kinder auch dankbar sein, ihre Füße unter Vaters Tisch ausstrecken zu dürfen. Ich hörte immer mal wieder von Oma zwischen den Zeilen, dass ich unbescheiden sei mit meinen Wünschen oder Ideen. Unausgesprochen hing da in der Luft etwas wie: Sei zufrieden mit dem, was du hast, und jammere nicht rum – finde dich ab! Oma nannte mich undankbar, wenn ich meinen Teller nicht leer aß, und erinnerte mich an die vielen armen Kinder, die nichts zu essen hatten. Ich brachte dann natürlich kaum mehr einen Bissen hinunter, aus schlechtem Gewissen den armen hungrigen Kindern gegenüber. Als junge »Was kostet die Welt«-Erwachsene hörte ich manchmal im Beruf, ich solle bitte bescheidener sein und nicht so viel vom Leben erwarten. Ich solle mich in Dankbarkeit üben, manchmal wurde sie auch Demut genannt, und mich mit dem zufriedengeben, was das Schicksal für mich bereitstellte. Demut war viel mehr wert als Fröhlichkeit. Keiner sagte jemals zu mir, ich solle fröhlich darüber sein, was mir das Schicksal schenkte. Also musste ich selbst auf diese Idee kommen. Vielleicht hätte ich es früher erkannt, wenn mir irgendjemand etwas in der Art angedeutet hätte, dann hätte ich mich auch nicht so dagegen gewehrt, denn im Grunde meines Herzens bin ich ein sehr dankbarer Mensch. Ich bin auch überzeugt davon, dass es dankbare Menschen leichter im Leben haben, besonders, wenn sie sich an Kleinigkeiten erfreuen können. Ich war sicherlich schon über dreißig, als ich begriff, dass es mich glücklich macht, wenn ich für Kleinigkeiten dankbar bin.

Dankbarkeit ist ein kraftvoller Glücksmotor! Du kannst ihn damit betanken, dass du jeden Abend aufschreibst, was du am Tag Schönes erlebt hast. Finde mindestens fünf schöne Erlebnisse. Und wenn dir gar nichts einfallen will, betrachte die Selbstverständlichkeiten deines Lebens aus der Sicht eines Menschen vor 100 Jahren: In deinem Zuhause ist es warm. Du schläfst in einem Bett. Wenn du Wasser brauchst, musst du nicht über einen kalten Hof zu einer Pumpe laufen. Es ist alles verfügbar. Nur zwei Generationen vor mir waren die Menschen entzückt, als das Wasser aus dem Hahn strömte, anstatt mühevoll per Hand aus dem Brunnen gepumpt werden zu müssen. Auch dies kann ein schönes Erlebnis sein, wenn wir uns den Blick dafür bewahren: Ich habe heute in meiner Wohnung aus der hohlen Hand Wasser geschöpft. Wenn du so verfährst, wirst du nicht fünf, sondern hundert Dinge finden, die du aufschreiben kannst. Vergegenwärtige dir das Geschenk des Luxus, in dem du lebst. Und vielleicht erfreust du dich auch einer guten Gesundheit – ein ebenso großes Geschenk, für das wir oft vergessen, uns zu bedanken. Bei wem? Das überlasse ich dir.

Ich danke dafür, dass ich keine Schmerzen habe, keine Tabletten nehmen muss, sehe ich doch in meiner Umgebung, dass das in meinem Alter keine Selbstverständlichkeit ist. Ich habe beobachtet, dass Menschen sich bei fortschreitender Krankheit an Situationen erinnern, in denen sie etwas unternehmen konnten, das ihnen heute nicht mehr möglich ist. Das sind oft Kleinigkeiten. Von der Wohnung zum Briefkasten. Oder nur von der Küche ins Bad. Sie wären überglücklich, wenn diese Kleinigkeiten noch möglich wären. Neulich besuchte ich eine Bekannte, die das Bett nicht mehr verlassen kann. Sehnsüchtig sprach sie von der Zeit, als sie das Glück hatte, noch im Rollstuhl sitzen zu können. Wobei sie in dieser Zeit sehr darunter gelitten hatte, auf den Rollstuhl angewiesen zu sein. Das hat mich sehr beeindruckt und nachdenklich gemacht. Wie sich die Größe des Glücks verändert, was Glück bedeutet. Für den einen ist es eine Rakete zum Mond, für den anderen ist es ein Rollstuhl. Ich versuche das alles sozusagen vorwegzunehmen. Lieber bin ich heute dankbar für alles, was geht. Es könnte ja sein, dass es sich verändert. Dann will ich beim Abschied wissen, dass ich gewürdigt habe, wie freundlich das Schicksal sich mir zuneigte.

Jeden Abend erfüllt mich Dankbarkeit für mein kuscheliges Bett, für das Dach über dem Kopf, für mein Zuhause, in dem es warm und gemütlich ist. Wundervoll beschenkt fühle ich mich durch meine Familie. Dazu zählen meine Eltern und Geschwister genauso wie meine aktuelle Familie mit meinen drei lebensfrohen Kindern samt Partnern und Enkelkindern. Da gehen immer wieder neue Herzensfenster auf. Und wie kostbar sind mir meine Freunde; ich hoffe, sie spüren es. Niemals käme ich auf die Idee, sie für selbstverständlich zu halten. Wie damals unser Haus und den Garten an jenem Sommertag mit Johannes.

Kündigung der Selbstverständlichkeit

Schau dich um in deinem Leben und mach dir bewusst, von wie viel Schönem du umgeben bist. Von Menschen, Gewohnheiten, Impressionen, Dingen. Was immer da ist, vergessen wir zu wertschätzen. Schule deinen Blick, damit dir keine Kleinigkeit entgeht, so wirst du reich und reicher, und dein Glück wird leuchten und neues Glück anziehen. Diesen Glücksblick kannst du auch in deine Vergangenheit richten und erkennen, wie viel Schönes die Gesamtheit deines Lebens zum Glänzen gebracht hat. Schaue mit der gesamten Strahlkraft der Schönheit deines Lebens in die Zukunft, damit sie sich dort entfalten kann.

Kinder sind keine Prestigeobjekte

Als meine Kinder zur Welt kamen, hielt ich sie für leere Bücher, in die ich hineinschreiben könnte. Heute muss ich über diese Idee lachen. Meine Kinder lehrten mich schnell, dass sie keine unbeschriebenen Blätter waren. Jedes von ihnen brachte seine eigene individuelle Persönlichkeit mit auf die Welt, die bereits am Tag der Geburt aufblitzte – und das finde ich großartig. Meine Kinder sind eigenständige Menschen. Zwar habe ich ihnen das Leben geschenkt, wenn ich das einmal so pathetisch formulieren möchte, doch wollte ich ihre Eigenarten und Persönlichkeiten akzeptieren und sie nicht nach meinen Vorstellungen verbiegen. Alles Weitere liegt ab einem gewissen Alter vor allem in ihren eigenen Händen. Heute haben wir die Erwartungshaltung über Bord geworfen, was die Kinder für mich oder ich für die Kinder tun sollte. Diese Versorgungsverträge wurden gekündigt.

Bei WhatsApp oder auf Facebook sehe ich oft Profilfotos von Kindern und Säuglingen, die Erwachsene posten, so als hätten sie kein eigenes Gesicht. Auf so eine Idee käme ich bei aller Liebe für meine Kinder und Enkel nicht. Es ist mir immer bewusst, dass wir verschiedene Persönlichkeiten sind.

Neulich in der Pause bei einem Theaterbesuch fiel mir auf, dass ich im Gegensatz zu meinen beiden Gesprächspartnerinnen nicht von den beruflichen Erfolgen meiner Kinder schwärmte. Ich wollte auch nicht darüber nachdenken, welche Eigenschaften meine Kinder von mir geerbt haben könnten, nach dem Motto: Der Apfel fällt nicht weit vom Stamm. Mich interessiert eher, was ich von meinen Kindern gelernt habe, wie mich meine Kinder verändert haben. Das Zusammenleben mit ihnen hat mich unendlich bereichert. Allein, wenn ich an unsere Diskussionen über den Schulstoff denke. Wie siehst du dies, ich sehe das anders, warum? Diese Gespräche waren eine wundervolle Chance, meine eigene Meinung zu hinterfragen und manchem Vorurteil auf die Schliche zu kommen. Ich habe meine Kinder immer ernst genommen in ihren Ansichten. Und hin und wieder brachte mich ihre Unvoreingenommenheit zum Staunen und auf eine neue Idee. Faszinierend finde ich es, wie sehr sich die Qualität der Beziehung zu Kindern ändert. Die Liebe, sie bleibt. Doch von umsorgen, Mut machen, Talente entdecken, fördern, Grenzen aufzeigen, eigene Grenzen erkennen, sich die Haare raufen bis Luftsprünge machen ist alles dabei, bevor es eines Tages auf Augenhöhe weitergeht – herrlich!

Meine Kinder haben mich die Welt mit neuen Augen sehen lassen, mir die Wunder des Lebens neu geschenkt. Sie haben mir den Spiegel vorgehalten, mich zur Klarheit veranlasst und mich mit meinen eigenen Werten konfrontiert. Werte werden viel zu selten hinterfragt. Man fügt sie zu seiner Persönlichkeit hinzu, wie man Besitz ansammelt. Doch sie gehören genauso hin und wieder einer Inventur unterzogen. Denn auch wenn Werte etwas sehr Beständiges sind, dürfen sie dennoch verändert werden. Es wäre kaum förderlich, wenn wir lebenslang dieselben Werte hochhalten würden. Manche lernen wir einfach erst im Lauf unseres Lebens zu schätzen. Andere bleiben von unserer Kindheit an unverhandelbar, und das ist auch gut so!

Der Wert der Werte

Wenn du einen Kollegen dabei beobachtest, wie er heimlich Büromaterial aus der Firma mitgehen lässt, wird dich das vielleicht peinlich berühren, oder du bedauerst ihn. Es ist eher unwahrscheinlich, dass du den Kollegen für einen coolen Typen hältst, den du während deines nächsten Urlaubs darum bittest, in deiner Wohnung die Blumen zu gießen. Womöglich vertraust du ihm nicht mehr. Sein Habitus für dich hat einen Knacks bekommen.

Was geschieht nun, wenn du selbst heimlich Büromaterial mitgehen lässt? Beurteilst du dieses Vergehen genauso? Wahrscheinlich nicht, du wirst für dich Entschuldigungen finden, die du dem Kollegen nicht zugestanden hast. Aber jetzt mal ehrlich: Wenn du nach deinem inneren Wertesystem gehandelt hättest, wäre das Büromaterial in der Firma geblieben, oder? Und auch wenn du dein Verhalten entschuldigst – irgendwie hast du dir damit doch selbst einen kleinen Knacks angetan. Denn wenn wir nicht in Einklang mit unseren Werten leben, wenn sie nur in der Theorie gelten, untergraben wir unser Selbstwertgefühl.

Es macht frei und glücklich, wenn wir nach unserem Wertesystem leben, und zwar besonders auch in unseren Handlungen. Ich erinnere mich gut an eine Situation, in der ich meinen ältesten Sohn bat, mich am Telefon zu verleugnen. Ich hatte die Bitte kaum ausgesprochen, da merkte ich es selbst.

Wie konnte ich meinem Sohn Ehrlichkeit predigen und dann selbst keine Farbe bekennen? Immer wieder waren es die Kinder, die mich an meine Werte erinnerten, weil ich ihnen natürlich ein Vorbild sein wollte. Sonst wären Werte ja nur hohles Gerede. Das sind sie aber nicht. Sie bilden die Bausteine unseres friedlichen und fairen Zusammenlebens. Zu meinen Werten gehört auch die tiefe Überzeugung, dass es keine bessere Motivation gibt als die Begeisterung. Auch dies setzte ich in die Praxis um, indem ich meine Kinder nie zu etwas überredete. Ich selbst habe mit Mitte dreißig angefangen, Klavier zu spielen, zuerst voller Begeisterung. Eines Tages sagte mein Klavierlehrer die Stunde ab, und ich ertappte mich bei einer erleichterten Freude. Wie bescheuert war denn das? Wollte ich nun spielen oder nicht? Ich hinterfragte meinen Entschluss noch einmal und überlegte mir in der Folge, ob der Lehrer der richtige für mich war. Welchen großen Einfluss Lehrer auf die Motivation der Schüler haben, ist mir sehr bewusst.

Ich weiß nicht, was für eine seltsame Person ich geworden wäre ohne meine Kinder. Und was für ein unglaubliches Glück es ist, dass alle drei in Hamburg leben. Partner und Enkelkinder sind hinzugekommen, da kann ich mich selbst nur Glückskind nennen! Ich vermute jedoch, dass ich nicht so glücklich sein dürfte, wenn ich an meine Kinder Erwartungen gehabt hätte. Erwartungen sind ein Glücksbremser.

Ich bin erleichtert, dass ich meinen Kindern nicht die Last aufbürdete, ihre Mutter glücklich zu machen, allein dies schon ist das pure Glück. Egal, welche Berufe sie ergreifen, egal, wie und wo sie leben, für mich zählen keine Äußerlichkeiten, sondern dass es ihnen gut geht, dass sie auch glücklich werden. Meine Kinder mussten keine Erwartungen erfüllen, und das erfüllt uns alle mit Freiheit. Jeder darf so sein, wie er möchte.

Vor einiger Zeit unterhielt ich mich mit einem Mann, der die Meinung vertrat, dass ein Mensch nur dann glücklich werden könnte, wenn er sein ganzes Potenzial ausschöpfen würde, und darunter verstand er eine Professur. Ich musste lachen, was er gar nicht nachvollziehen konnte. Für mich kann ein Dachdecker genauso glücklich sein wie ein Professor, wer steigt denn da wem aufs Dach? Und wenn meine Kinder Surfer, Künstler oder Krankenpfleger geworden wären, hätte ich ihnen bestimmt nicht eingeredet, dass sie damit unter ihren Fähigkeiten blieben oder zu wenig Geld verdienten. Ich wollte sie stets in ihren Talenten fördern, doch niemals antreiben, denn sonst läuft man ja Gefahr, dem Perfektionismus Tür und Tor zu öffnen, und der führt bestimmt nicht in die Zufriedenheit, geschweige denn ins Glück.

Kündigung der Erwartungshaltung

Wenn du einmal darüber nachdenkst, wann im Leben du unglücklich warst, wirst du herausfinden, dass deine Erwartungen eine entscheidende Rolle gespielt haben. Wir wünschen uns etwas, es erfüllt sich nicht – und wir sind unglücklich oder traurig, verzweifelt, fühlen uns zurückgesetzt, was auch immer. Anstatt aber nun die Wünsche anzupassen, sie vielleicht zu verkleinern, ist es sinnvoller, der Erwartungshaltung zu kündigen. Wenn wir nichts erwarten, können wir auch nicht enttäuscht werden. Wenn ich nicht erwarte, dass meine Kinder mich an Weihnachten besuchen, kann ich mich umso mehr freuen, wenn sie vor der Tür stehen. Früher glaubte ich, die Kinder vorführen zu können, wenn Besuch kam. Das brachte sie nur dazu, noch mehr Blödsinn zu machen als sonst schon. Da hab ich mir mit meiner Erwartungshaltung in den eigenen Finger geschnitten. Kinder als eigenständige Persönlichkeiten zu sehen und ihnen auf Augenhöhe zu begegnen, hilft sehr. Ja, sie dürfen eigene Berufswünsche haben, die so gar nicht in mein Schema passen. Wenn ich erwarte, dass die Kinder nun bitte das machen, was ich als Kind oder Jugendlicher nicht durfte, schafft das Traurigkeit auf beiden Seiten. Was für eine schwere Last ist es, wenn Kinder die Träume der Eltern realisieren sollen – vom Musikinstrument bis zur Sportart. Ich selbst als Mutter wäre bei einer solchen Erwartungshaltung enttäuscht, wenn sie nicht auf Gegenliebe stößt. Und für die Kinder wäre sie eine schreckliche Last auf den Schultern. Das täte unserer Beziehung nicht gut. Erwartungen haben hier nichts zu suchen. Spannender ist es, Talente bei den Kindern zu entdecken und zu fördern, ganz gleich ob sie mir entsprechen oder nicht. Sie als eigenständige Persönlichkeiten zu sehen, haben meine Kinder mir schon früh beigebracht. Nachdem mein Sohn jede Kerze oder Nagelbürste zum Auto umfunktionierte und mit »Brumm, brumm« zum Leben erweckte, erwartete ich das bei meiner Tochter ebenfalls. Weit gefehlt, sie konnte über Spielzeugautos stolpern, ohne sich näher mit ihnen zu befassen. Zwei eigene Persönlichkeiten, die mir sagten, wo die Reise langging.

Entlarve deine Erwartungen, und du bist auf einem goldenen Weg, dein Glück zu finden. Oder bring dein Leben gleich auf die goldene Spur, indem du positive Erwartungen an das Leben stellst. Hoffnung unterstützt dich dabei, dich auf das Beste zu konzentrieren. Mit Hoffnung lebst du immer besser als mit Erwartungen! Doch wenn du eines Tages merkst, dass deine Hoffnung unbegründet ist, solltest du die Reißleine ziehen, wie ich es auch einmal tun musste.

Traummann ade:
Hoffnung kann auch eine
Falle sein

Johannes war mein Traummann, mit Ende dreißig war ich dreifache Mutter, unser Haus zwar noch nicht abbezahlt, doch wir waren auf einem guten Weg, und ich genoss dieses schöne Leben mit allen Sinnen. Und ich war zutiefst dankbar, denn ich konnte sehr wohl erkennen, dass nichts davon selbstverständlich war. Doch wie sich die Bedrohung meines Glücks anschlich, damit hätte ich niemals gerechnet, weil ich mir so etwas gar nicht hätte vorstellen können. Ich kannte keine vergleichbare Geschichte, von niemandem. Jetzt musste meine Lebensphilosophie »Jeder hat die Verantwortung für sein eigenes Glück« den Praxistest unter erschwerten Bedingungen beweisen. Es begann schleichend. Johannes veränderte sich ein wenig. Er las mir nicht mehr jeden Wunsch von den Augen ab. Häufig kam er spät von der Arbeit nach Hause und arbeitete nach dem Abendbrot noch ein wenig. Wenn ich ihm etwas erzählte, hatte ich manchmal das Gefühl, er höre mir nicht richtig zu. Er vergaß Termine, die mich betrafen. Manchmal war er schlecht gelaunt. So kannte ich ihn gar nicht, und ich konnte mir keinen Reim auf sein verändertes Verhalten machen. Zu den Kindern war er unverändert freundlich, kümmerte sich liebevoll um sie und interessierte sich auch für sie, wollte wissen, was sie erlebt hatten, hörte ihnen zu, wenn sie ihm einen kleinen Kummer erzählten. Was mich betraf, schien ihn mein Leben überhaupt nicht mehr zu interessieren.

Was war hier los? Hatte mein Mann eine Freundin? So was kam in den besten Familien vor, aber doch nicht bei uns! Bevor ich mich irgendwelchen ungesunden Spekulationen hingab, fragte ich ihn.

»Johannes, etwas scheint im Moment bei uns schiefzulaufen. Stört dich etwas?«

»Nein«, erwiderte er einsilbig und schaute wieder in den Fernsehapparat. Er sah nun häufig fern, was mir missfiel, doch ich dachte, vielleicht brauche er das zur Entspannung.

»Wenn es irgendetwas gibt, das ich verändern kann«, fuhr ich fort, »dann sag es mir bitte.«

»Nein, alles ist in Ordnung«, entgegnete er und blickte so gebannt auf die Mattscheibe, dass ich deutlich spürte, er wollte das Gespräch nicht fortsetzen. Vielleicht war der Zeitpunkt ungünstig? Trotzdem ärgerte ich mich ein klein wenig darüber, dass der Fernseher den Wettbewerb um die Aufmerksamkeit meines Mannes gewonnen hatte. Aber auf Fernsehen war ich ohnehin nicht gut zu sprechen, das kam mir wie Zeit totschlagen vor. Ich sehe bis heute kaum fern, es käme mir gar nicht in den Sinn, meine kostbare Lebenszeit damit zu verschwenden. Wenn ich mich einmal im glücklichen hohen Alter von einhundertzwanzig Jahren an meine Vergangenheit erinnere, möchte ich sie voll ausgeschöpft und nicht vor dem Fernseher verbracht haben, wo ich anderen beim falschen, weil gespielten Leben zugesehen hätte. Ich muss allerdings einräumen, dass ich ein klein wenig milder geworden bin. Im Alter kann Fernsehen wirklich eine Freude sein, vor allem, wenn man zu krank ist, um nach draußen zu gehen, oder zu viel Zeit und zu wenig Hobbys hat. Doch in der Jugend oder im besten Alter fernzusehen, nein, das kann ich bis heute nicht verstehen.

Einige Tage nach diesem verunglückten Gespräch versuchte ich es erneut – mit dem gleichen Resultat. Ich lief wie gegen eine Mauer und kannte mich nicht mehr aus. War das Johannes, mein Mann? Mein Traummann, mit dem ich seit mehr als zehn Jahren verheiratet war? Aber so leicht ließ ich mich nicht abspeisen. Eines Abends entlockte ich ihm tatsächlich etwas, das mich jedoch noch mehr verwirrte.

»Du bist eine tolle Frau«, sagte Johannes.

»Aber irgendwas stimmt doch nicht.«

»Nein. Alles in Ordnung. Du bist wirklich eine tolle Frau. Und zerbrich dir mal nicht den Kopf. Du machst alles richtig.«

»Johannes, bitte! Das kann ich nicht glauben, sonst ...«

»Doch, doch, du machst alles richtig«, wiederholte er und verließ das Zimmer. Er ging mir nun öfter aus dem Weg, und wenn wir als Familie im Wohnzimmer saßen, wirkte er manchmal wie ein Fremdkörper, so als nehme er gar nicht richtig teil. Missverständnisse häuften sich, und wenn ich ihm sagte, dass dies oder jenes, das er vergessen hatte, besprochen worden war, leugnete er es. Ich merkte, dass er nicht flunkerte, er hatte es schlichtweg nicht mitbekommen. Er war in Gedanken woanders. Aber wo? Auch das konnte er mir nicht sagen. Und das machte mich einsam. Es dauerte noch einige quälende Wochen, bis ich ein bisschen mehr erfuhr, und das war niederschmetternd. Mein über alles geliebter Ehemann erklärte mir: »Ich weiß auch nicht, was ist. Ich kann es dir nicht sagen. Nicht, weil ich nicht will, sondern weil ich es nicht weiß.«

Diese Antwort war keine, die ich verstehen konnte, und ich fragte immer weiter, doch ich erhielt keine andere Antwort.

Die nächsten zwei Jahre habe ich als sehr tränenreich in Erinnerung. Ich versuchte alles, um Johannes zurückzugewinnen, doch es gelang mir nicht, und auch nicht in den folgenden dreiundzwanzig Jahren, in denen wir noch zusammenlebten. Achtzehn davon wollte ich ihn zurück, in den letzten fünf interessierte ich mich auch nur noch freundschaftlich für ihn. Es war für mich unvorstellbar, diese Ehe einfach so aufzukündigen. Anfangs dachte ich, dies seien nach so vielen guten Zeiten nun die schlechten Zeiten, die vorübergehen würden. Ich hatte versprochen, immer bei Johannes zu bleiben, und das gedachte ich zu halten. Ich bin keine, die wegläuft, wenn Probleme auftauchen. Aber ich war sehr allein in diesen Wochen, Monaten, Jahren. Ich konnte mit niemandem darüber sprechen, weil ich mich schämte. Es musste doch an mir liegen, und es machte mich verrückt, dass ich nicht wusste, wie ich mich verändern sollte, damit alles wieder schön würde. Ich war meinem Mann keine gute Frau, ja, so dachte ich damals. Und ich hoffte. Ich hoffte so sehr, dass der Spuk eines Tages ein Ende nehmen würde. Wenn Johannes manchmal ein klein wenig zugänglicher war, glaubte ich sofort, wir hätten die Durststrecke hinter uns, doch ich täuschte mich jedes Mal. So bitter es auch war, eines Tages vermochte ich meine Augen nicht mehr vor der Tatsache zu verschließen, dass ich so nicht weitermachen konnte. Mit dieser Verzweiflung und Traurigkeit wollte ich nicht weiterleben. Johannes schien sich nicht ändern zu wollen. Ich wollte mich aber auch nicht von ihm trennen. Also gab es nur eine einzige Möglichkeit: Ich musste meinen ersten Geheimvertrag ernst nehmen und selbst für mein Glück sorgen. Ich musste die Theorie in der Praxis beweisen. Mein Mann konnte mich nicht mehr glücklich machen, ja, ich war erschüttert, wie viel von meinem Glück noch immer von ihm abhing. Das alles musste ich zurückholen, zu mir selbst. Und dabei half mir die Mathematik.

Das Mosaik

Ich stellte mir vor, Johannes und ich besäßen je einhundert Mosaiksteinchen, die sinnbildlich für einhundert Prozent stünden. Zu Beginn unserer Beziehung lag meine Zufriedenheit bei einhundert Prozent. Ich hatte das Gefühl, dass unsere Mosaiksteinchen gleichmäßig hin und wer wanderten, keiner hatte mehr oder weniger. Nun hatten sich Mosaikteilchen in mir gemeldet, die in meinem Mann kein korrespondierendes Teilchen gefunden hatten, mit dem sie sich austauschen konnten. Zuerst waren es nur wenige, vielleicht fünf. Doch dann waren es zehn und fünfzehn und zwanzig, die sich nicht verstanden fühlten, mit denen kein Austausch stattfand, kein Geben und Nehmen, egal, ob es sich um Freud oder Leid handelte. Die unverstandenen Teilchen murrten zuerst, dann machten sie Krawall, und schließlich verkündeten sie lauthals, dass sie sich vernachlässigt fühlten. Weil nichts passierte, wurden sie noch lauter, und eines Tages nahm ich nur noch die zwanzig unzufriedenen wahr, nicht mehr die achtzig zufrieden schnurrenden. Es war also höchste Zeit, dass ich mich um die zwanzig Mosaiksteinchen kümmerte, anstatt darauf zu warten, dass Johannes es tat. Ich musste für mich selbst sorgen. Ich musste allein in die Oper und zu Freunden, musste allein Fahrrad fahren und was mir sonst noch einfiel.

Ich musste mein Leben selbst regeln und durfte nicht auf seine Zustimmung oder Begleitung warten. Ich musste allein Entscheidungen treffen. Auf dem Papier war ich zwar verheiratet, doch in den folgenden Jahren entzog sich Johannes immer mehr dem Zusammenleben, wenngleich er sich stets große Mühe gab, für die Kinder da zu sein. Dafür war ich ihm auch sehr dankbar. Es wäre mir allerdings leichter gefallen, wenn er sich nicht zusätzlich zu seinem Rückzug auch noch verändert hätte. Doch der vormals so witzige, inspirierende, unkonventionelle Mann hatte es sich in seiner Komfortzone gemütlich eingerichtet und wollte am liebsten seine Ruhe. Ich konnte ihn mit meiner Begeisterung für das Leben nicht mehr erreichen, geschweige denn anstecken. Und wenn ich es versuchte, hielt er dagegen, sodass unsere frühere Leidenschaft sich in einen Kampf zwischen Optimismus und Pessimismus verwandelte. Wo ich Gutes und Schönes sah, witterte er Gefahren. Zog es mich nach vorne, bremste er. Hatte ich eine tolle Idee, fand er sie albern. Schlug ich eine bauliche Veränderung am Haus vor, hielt er sie für undurchführbar, und so weiter. Unsere unbeschwerte Liebe hatte sich in ein zähes Ringen verwandelt. Irgendwie kamen wir wohl doch vorwärts, doch was mich betraf, war es zermürbend. Aber Kraft hatte ich ja schon immer für zwei. Für mich kam es vor allem darauf an, dass die Kinder nicht unter unserer veränderten Beziehung litten und dass ich selbst mich frei von der Hoffnung machte, dass Johannes mich glücklich machen würde. Wenn ich mein Glück in die Hand nahm, konnte es mir egal sein, ob er sich für mich interessierte oder nicht. Das war mein Ziel, und mit viel Disziplin erreichte ich es schließlich auch. Heute halte ich all die Jahre, in denen ich mit Johannes zusammenlebte, ohne etwas von ihm zu erwarten und zu verlangen, für eine meiner größten Leistungen, ja, ich bin stolz darauf, denn ich habe mich nicht beirren lassen, sondern bin meinem Ideal von der bedingungslosen Liebe gefolgt. Denn ich liebte ihn. Und ich wollte ihn lieben um seiner selbst willen, nicht, damit er mich liebte. So wurde ich nach zwei traurigen Jahren auch wieder glücklich, vielleicht sogar ein bisschen tiefer als zuvor, da meine Liebe nun so frei war. Es gelang mir, die Ablehnung meines Mannes nicht persönlich zu nehmen. Es hatte einfach nichts mit mir zu tun. Irgendwann las ich einmal in einer Frauenzeitschrift in einem Wartezimmer einen Artikel über Männer, die sich nicht aus der Ehe zurückzogen, sondern vom Leben. Es kam mir so vor, als hätte die Journalistin meinen Mann beschrieben.

Wenn ich heute über diese Zeit spreche, werde ich oft gefragt, ob ich mich für meine Kinder geopfert hätte. Oh nein, ich habe mich nicht geopfert, ich habe mich für mich selbst so entschieden, denn ich wollte mit meiner Familie weiterleben. Wir hatten uns so viel aufgebaut, was mir wichtig war, wichtiger als das Interesse meines Mannes an meiner Person. Johannes hatte keine Freundin, davon bin ich überzeugt. Für mich selbst kam ein Seitensprung nicht infrage. Auch eine Affäre wollte ich nicht eingehen. Menschen, die sich zu Geliebten machen, habe ich schon immer bedauert. So etwas verträgt sich nicht mit meiner Vorstellung von Liebe, und es wäre mir auch mit zu vielen Heimlichkeiten und Lügen verbunden gewesen. Also entschied ich mich für diese fröhliche, trubelige Familie. In dem Moment, wo ich nicht mehr hoffte, ging es mir besser und dann wieder richtig gut, und schließlich spürte ich ein tiefes Glück in mir, weil ich in Einklang mit meinen Werten lebte.

Die bedingungslose Liebe

Als junge Frau habe ich die Bücher des Psychologen Peter Lauster gelesen, und seine Definition der Liebe sprach mir aus dem Herzen. Liebe stellt keine Forderungen. Liebe ist eine Entscheidung. Johannes hatte die Freiheit, so zu leben, wie er wollte. Es war seine Entscheidung, die nichts mit mir zu tun hatte, und deswegen hörte meine Liebe nicht automatisch auf. Und auch wenn ich mir vorstellte, ich hätte mich getrennt, würde sich an meiner Liebe nichts geändert haben. Ich hätte Johannes noch immer geliebt, nur eben dann nicht mehr unter einem Dach mit ihm gelebt. Der Mangel, unter dem ich litt, ließe sich mit einer räumlichen Trennung ja nicht beheben. Und so legte ich die Option Trennung für die nächsten dreiundzwanzig Jahre beiseite. Danach funktionierte diese Form des Zusammenlebens nicht mehr für mich, und es folgte eine freundschaftliche Trennung und später die Scheidung, die wir gemeinsam ausgelassen feierten. Heute sind wir erfrischend unkompliziert per Distanz verbunden, und ich denke sehr gern an unsere gemeinsamen Jahre zurück, die ich auch nach der Zäsur als wundervoll in Erinnerung habe, weil es mir gelang, wieder ins Gleichgewicht zu kommen durch mein Ja zur Verantwortung für mein eigenes Leben und Glück. Ich war zwar viele Jahre »nur« Hausfrau und Mutter, doch ich war es mit Leib und Seele und aus vollem Herzen.

Nach der Schule der Kinder das »normale« Mittagessen am nahen See ganz anders genießen. Zack auf die Fahrräder, Decke und Teller mit Besteck in den Fahrradkorb. Frikadellen und Möhrchen schmecken lauwarm noch besser. Ich wurde immer kreativer, damit mir nicht die Decke auf den Kopf fiel in siebzehn Jahren Hausfrau und Mutter. Ich mag Picknicks heute immer noch sehr gern. Egal, ob am Elbstrand mit Sand zwischen den Zehen oder auf der Wiese mit Gänseblümchen hinterm Ohr. Herrlich! Solche Erinnerungen sind eine Schatzkiste für mich, und ich weiß sehr wohl, dass ich sie auch dadurch füllen konnte, weil meine Partnerschaft eben schwierig war und ich lernte, selbst für schöne Momente zu sorgen. So konnte ich unendlich viel Wertvolles erfahren, wofür ich sehr dankbar bin. Und wer weiß, vielleicht empfinde ich mein Leben heute auch deshalb als so leicht und glücklich und beschwingt. Denn wenn ich zurückblicke, erinnere ich mich an eine bunte, lebendige, fröhliche Zeit, die ich sehr genossen habe und nicht missen möchte – obwohl natürlich auch die Schwere dazugehört. Alles zusammen hat mich zu der fröhlichen Frau gemacht, die ich heute bin. Also kann Johannes nicht der falsche Mann an meiner Seite gewesen sein. Wer weiß, wie ich mich entwickelt hätte, wenn er mich weiterhin auf Händen getragen hätte! Ob es dann ein solches Happy End für mich gegeben hätte? Ich glaube nicht! Indem ich die Hoffnung aufgab, ebnete ich den Weg zu meinem Glück. Hoffnung kann sowohl ein Ticket in den siebten Himmel sein als auch ein Fluch oder ein Dauerabo für die Komfortzone. Dort ist es auf den ersten Blick gemütlich, doch schon auf den zweiten entpuppt sie sich als Einbahnstraße in die Unzufriedenheit. Wer ständig hofft, verändert nichts, entscheidet nichts, sondern hofft, dass die Hoffnung sich erfüllt. Und das bedeutet, anderen Mitspracherecht über das eigene Glück einzuräumen oder ihnen gleich die Aktienmehrheit daran zu übertragen. Ohne mich!

Kündigung der Opferrolle

Ich glaube, dass das Glück vor allem auch davon abhängt, handlungsfähig zu bleiben. Wer sich als Opfer der Umstände oder anderer Menschen betrachtet, kann nicht glücklich werden. Indem ich mich von der Opferrolle verabschiede, gewinne ich Handlungsfähigkeit und sorge aktiv für mein Glück.

Ich bin immer wieder erstaunt, wie schnell man in die Opferfalle gerät. Ach, wär' mein Chef doch netter, ach, hätte mein Mann doch mehr Verständnis. So ein Wunsch zeigt bereits, dass wir gefangen in der Opferrolle sind. Sonst müssten wir so etwas ja nicht wünschen, das Verhalten des anderen würde uns nicht so beeindrucken. Spannend finde ich es mittlerweile, nach den Motiven zu forschen, warum wir in einer ungeliebten Situation verharren. Wer es wagt, sich aufrichtig damit auseinanderzusetzen, wird nicht selten feststellen, dass sich durchaus Argumente finden, die dafür sprechen, an der Opferrolle festzuhalten. Irgendeinen positiven Grund muss es geben, sonst hätten wir doch längst gekündigt, die Beziehung aufgegeben, wären umgezogen. Und anstatt uns selbst anzuklagen, warum wir dies und jenes nicht schaffen, obwohl wir es doch eigentlich wollen, würde es uns hin und wieder sicher besser tun, wenn wir diese positiven Gründe benennen würden. So erkennen wir auch, dass wir die Wahl haben. Wir sind keine Opfer. Wir können bewusst entscheiden. Immer!

Auch Mütter werden flügge: Selbstzweifel stutzen uns die Flügel

Sechzehn Jahre war ich bereits Hausfrau und Mutter, als mich eine Freundin, die ich vom Malunterricht kannte, fragte, ob ich ihren Freund bei der Einrichtung seines Ingenieurbüros beraten könnte. Etwas verdutzt erkundigte ich mich, wie sie auf diese Idee käme.

»Weil ich finde, dass du ein Händchen für so etwas hast. Ich habe schon öfter beobachtet, wie du mit zwei, drei Details einen Raum zu seinem Vorteil verändert hast. Und bei dir zu Hause ist es auch so gemütlich. Man möchte am liebsten gleich einziehen.«

Dieses Kompliment freute mich. So etwas hatte ich schon öfter gehört. Wenn wir mit der Familie in die Ferien fuhren, mieteten wir meistens ein Häuschen oder Apartment, und stets hatte ich Ideen, wie man die Räume behaglicher gestalten könnte: Hier eine Vase, dort eine Kuscheldecke, da drüben fehlte ein Bild, oder es hing eins zu viel an der Wand. Gestalten machte mir Freude, und ich habe wohl tatsächlich ein Händchen für Harmonie in Räumen. So sagte ich zu, mir das Büro einmal anzusehen.

»Und wer weiß«, meinte meine Malfreundin, »vielleicht ist das ja ein Einstieg für dich ins Berufsleben.«

»Das glaube ich nicht«, wehrte ich lachend ab. Ich wollte weiterhin hauptberuflich zu Hause bleiben und mich in erster Linie um die Familie kümmern. Damit fühlte ich mich wohl, und es gab auch immer genug zu tun. Obwohl wir finanziell keine großen Sprünge machen konnten, hatten Johannes und ich noch nie darüber gesprochen, dass ich wieder berufstätig sein könnte. Wir waren einer Meinung, dass unser Arrangement das Beste für die Familie war. Unser jüngster Sohn war erst zehn Jahre alt, konnte also durchaus noch eine Portion Mama gebrauchen. In unserer Nachbarschaft lebte eine Reihe von Müttern, die berufstätig waren; ich hätte mich also in guter Gesellschaft befunden. Doch eine ständige Berufstätigkeit lockte mich nicht, während so ein kleiner Auftrag nebenbei durchaus interessant klang.

Bei einem Besichtigungstermin stellte ich fest, dass das Großraumbüro den Charme eines Hamburger Ortsamtes ausstrahlte: beige Wände, brauner Teppichboden und braune Holzmöbel. Ich nahm den Auftrag an und meinte: Ich kann es gern versuchen. Ich mach mal einen Vorschlag. Meine Idee war ziemlich kühn: hartweiße Wände, knallblauer Teppichboden und von innen blau gestrichene Fensterrahmen. Die braunen Möbel durften bleiben.

»So sehen Sie das, aha«, nickte der Freund meiner Malfreundin, ein schlanker Mittfünfziger in brauner Cordhose, kniff die blauen Augen zusammen und meinte schließlich: »Machen Sie einfach, was Sie für richtig halten.«

Und so geschah es. Zwischendrin holte mich der Respekt ein vor so vielen Quadratmetern knalligen Teppichbodens. Würde mir das Blau ins Gesicht springen, wenn alles fertig war? Nein, es war perfekt, die Möbel schluckten viel von der Wucht. Ob mein Auftraggeber zufrieden war? Wohl schon, denn er bezahlte meine kleine Rechnung über ein paar hundert Mark rasch, und ich hörte von seinen Mitarbeitern, dass andere Firmen aus dem Bürokomplex meine Einrichtung imitierten – ja, dass sogar das Treppenhaus weiß gestrichen wurde und die Fensterrahmen blau. So schlecht konnten meine Vorschläge also nicht gewesen sein.

Talent ist zeitlos

Ich bin davon überzeugt, dass wir immer neue Talente in uns entdecken können, auch und gerade im Alter, weil wir dann nämlich Zeit haben, den Blick nach innen zu wenden und zu erforschen, was sich noch verwirklichen möchte. Für manche Menschen mag es komisch klingen, sich im Alter auf Talentsuche zu begeben, weil wir daran gewöhnt sind, Talent mit Jugend zu verbinden. Wir möchten die Talente unserer Kinder fördern oder junge Talente im Beruf. Diese Art von Unterstützung ist jedoch oft leistungsorientiert. Heute kann ich mich meinen Talenten widmen, ohne Leistung erbringen zu müssen, wenngleich mir Leistung Freude bringt. Ja, ich würde sagen, sie stellt sich automatisch ein, sobald ich mit Begeisterung bei der Sache bin, und das bin ich natürlich bei meinen Hobbys, sonst würde ich sie ja nicht ausüben. Im Alter haben wir außerdem die große Freiheit, Talente zu verwirklichen, die auf den ersten Blick keinen Zweck erfüllen, einfach weil sie Spaß machen und wir endlich Zeit dafür haben. So habe ich in letzter Zeit wieder gemalt und es sehr genossen. Mit Mitte dreißig fing ich an. Damals wartete ich in einem Baumarkt auf einen Zuschnitt und entdeckte Ölkreide, nahm sie kurz entschlossen mal mit. Als die Kinder mit eigenen Projekten beschäftigt waren, probierte ich die Ölkreide aus, war begeistert, wollte mehr darüber wissen, was ich damit anstellen konnte, und besuchte eine Malschule. Dort hörte ich nach einigen Wochen, dass ich Talent hätte. Das freute mich zwar, doch ich hätte auch ohne Talent weitergemalt, weil es mir Freude bereitete. Womöglich hätte sich ein gewisses Talent dann auch irgendwann eingestellt – Übung macht den Meister. Ich meine, man muss nicht immer Talent haben, man darf einfach Spaß haben. Dabei ist es wichtig, der Intuition zu folgen. Ich zwang mich zu keinem Motiv. Wenn ich keine Lust auf Blumen in Vasen und Äpfeln auf Tellern hatte, suchte ich mir etwas anderes. Einmal malte ich lediglich Geschenkpapier. Ich wollte keinen Druck bei meinem Hobby. Die Geschenkpapierserie gehört heute noch zu meinen Lieblingsbildern. Ich glaube, sie ist recht gut gelungen, ohne Leistung im Nacken. Natürlich wurde es später ein bisschen aufregend, als ich meine erste Ausstellung hatte. Aber ich habe darauf geachtet, das Malen als Zeit für mich zu genießen, hier durfte es keinen Stress geben, der verträgt sich auch nicht mit Muse und Muße.

Die eigenen Talente finden

Wie sieht es mit deinen Talenten aus? Höre ich richtig: Du hast keine? Das glaube ich nicht! Meinst du vielleicht, Talent hätten nur Künstler, Köche oder Sportler, Wissenschaftler? Da bist du auf dem Holzweg. Es gibt nicht nur die allgemein bekannten Talente, sondern unzählige andere, über die wir vielleicht gar nicht nachdenken. Zuhören ist zum Beispiel ein Talent, das immer seltener vorkommt. Ich kenne auch Menschen, die das Talent haben, eine schöne Atmosphäre zu verbreiten oder bei Meinungsverschiedenheiten ausgleichend zu vermitteln. Sehr kostbar finde ich das Talent, andere trösten zu können oder sie zum Lachen zu bringen. Also: Wie sieht es mit deinen Talenten aus? Welche fallen dir spontan ein, welche kommen erst nach und nach ans Licht, und vor allem: Welches Talent möchtest du mal ausprobieren, fördern, vertiefen oder dich nach einer vielleicht längeren Pause wieder damit beschäftigen? Jetzt ist die beste Zeit dafür! Und wenn dir gar nichts einfällt, frage mal bei anderen nach, was sie glauben, wo deine Talente schlummern. Denn manchmal erfährt man durch andere, wo die eigene Begabung liegt. So war es auch bei mir, denn mein erster Auftraggeber aus dem Büro kam erneut auf mich zu.

Selbstzweifel nagen am Talent

Nach einem Jahr bat mich derselbe Ingenieur, dem ich damals sein Büro eingerichtet hatte, abermals um Unterstützung. Er baute nun eine Hausbootflotte auf der Müritz, ob ich die einrichten könnte. Müritz? Hausbootflotte? Das klang spannend! Auf einem Hausboot und an der Müritz war ich noch nie gewesen.

»Ich kann es gern versuchen«, sagte ich, wie ich es auch beim ersten Mal gesagt hatte. Abermals lief alles wie am Schnürchen, und mein Auftraggeber schien zufrieden zu sein, denn er fragte mich: »Könnten Sie diese Boote als Charterschiffe vermarkten?«

»Ich kann es gern versuchen«, sagte ich meinen Standardspruch, den ich auch dir wärmstens ans Herz legen möchte. Ein Versuch ist keine Verpflichtung. Ich gebe mein Bestes, behaupte jedoch nie, ich sei die Beste. So setze ich mich nicht unter Druck und schiebe Selbstzweifeln einen Riegel vor. Schließlich habe ich nicht gesagt, ich werde es perfekt erledigen, sondern dass ich es versuchen werde. Selbstzweifel sind der natürliche Feind von Talenten. Sobald wir ihnen verfallen, rauben wir der Entfaltung unserer Möglichkeiten Energie, die wir dann dafür einsetzen müssen, die Zweifel zu unterdrücken, die wuchern wie Unkraut. Reißt du hier drei raus, sprießen dort drüben fünf neue.

Meine Kinder fanden den Hausboot-Auftrag toll, zumal wir nun selbst auf der Müritz schipperten. Wir kannten vorher weder die Fluss- noch die Seenlandschaft und waren ganz aus dem Häuschen, als wir mit einem Boot durch die verträumte Landschaft glitten. Manchmal fühlten wir uns wie in Kanada, dabei waren wir in der ehemaligen DDR unterwegs. Da wir dort keine Verwandtschaft hatten, war alles für uns Neuland. Wir freuten uns an Kranichen und Eisvögeln und dem sanften Schwappen des Wassers. Die Kinder mussten ein bisschen mithelfen, weil ich sie als Models anwarb. Wir hatten viel Spaß beim Fotografieren an der Reling und auf dem Sonnendeck, und später umrahmte ich die Bilder mit Geschichten über wunderbare Entdeckungsreisen mit diesen führerscheinfreien Hausbooten. In gewisser Hinsicht knüpfte ich damit an meine erste Anstellung bei der Werbeagentur in Hannover an, wo ich kleinere Geschichten für die Stadtteilzeitung verfasst hatte. Meine Artikel schickte ich an Zeitungen in ganz Deutschland, sie erschienen in der Rheinischen Post genauso wie in der Berliner Morgenpost oder der Augsburger Allgemeinen und den Kieler Nachrichten. So begann ich, als freie Journalistin Fuß zu fassen. Das sprach sich auch an meinem Wohnort herum, und bald fragten mich Einheimische nach Geheimtipps in unserer Gegend. Ich kenne Altersgenossen, die keine Flugreisen mehr unternehmen, weil ihnen die Enge unangenehm ist oder gesundheitliche Gründe dem im Wege stehen. Für manche bedeutet dies einen Verlust von Lebensqualität – als gäbe es zu Hause nichts zu sehen. Aber das ist ein Irrtum! Auch die vertraute Umgebung kann sich in eine Entdeckungsreise verwandeln, wenn man die Augen aufmacht. Man kann ja mal so tun, als wäre man fremd in der eigenen Stadt. Warum nicht mal eine Führung buchen? Und wer sein Talent zum Schauspielern ausprobieren möchte, kann sich als Gast in der Heimat ausgeben und das am Ende offenlegen – oder auch nicht.

Hamburg hat so viele völlig unterschiedliche Stadtteile. Ich kann einmal durch die rockige Schanze gehen und mich erfreuen an dem Saxofonspieler an der Ecke. Ich genieße die entspannten fröhlichen Menschen, die offensichtlich Zeit haben. Kinder toben ausgelassen auf der Straße und haben auf dem Pflaster das Muster für das alte Hüpfspiel »Hinke-Pinke« gemalt. Die bunten Waren der südländischen Geschäfte locken an Ständen auf dem Bürgersteig. Es gibt das italienische Blankenese mit seinen vielen Treppenstufen, die coole Hafencity und den pulsierenden Hafen. Diese Vielfalt mag ich.

In jüngeren Jahren bin ich sehr viel gereist. Bevor die Kinder geboren waren und wir das Haus kauften, unternahmen Johannes und ich sogar einmal eine Weltreise. Diese Eindrücke haben mich sehr geprägt, weil ich lernte, wie unterschiedlich die Menschen leben und dass ich nicht davon ausgehen kann, so wie es bei uns ist, wäre es normal. Vor allem Japan faszinierte mich, und unterwegs habe ich nicht nur Land und

Leute kennengelernt, sondern auch mich selbst in Ausnahmesituationen, und konnte so meine eigenen Grenzen erweitern.

Schon im ersten Jahr war die Hausbootflotte ausgebucht. Das Vermarktungskonzept behielten wir bei, so hatte ich von zu Hause aus gut zu tun, aber nicht so viel, dass ich die Familie vernachlässigte. Nach zirka zwei Jahren erzählte mir der Investor bei einem Treffen, dass er derzeit an der Müritz sechzig Ferienhäuser bauen ließ, und fragte mich: »Könnten Sie die auch einrichten?«

Sechzig! Das war eine andere Hausnummer als meine bisherigen Aufträge.

»Sie sollten sich voneinander unterscheiden«, erklärte der Investor. »Ich möchte kein Einheitsallerlei. Und natürlich soll es auch barrierefreie Häuser geben.«

»Ich kann es gern versuchen«, sagte ich, während mir das Herz im Halse schlug.

»Wir machen es genauso wie bei den Hausbooten. Wenn alles fertig ist, vermarkten Sie die Anlage, okay?« Wie immer machte der Investor Nägel mit Köpfen.

»Ich erstelle Ihnen gern ein Angebot, und Sie schauen, ob das für Sie passt«, entgegnete ich. In meinem Kopf ratterte es. Sechzig Häuser! Konnte ich das schaffen? Was gab es da alles zu bedenken ... Keine Selbstzweifel!, rief ich mich zur Ordnung. Doch die Selbstzweifel erhielten Nahrung von der nächsten Bitte des Investors, die mich dann doch ein wenig ins Wanken brachte.

»Wenn Sie das Konzept fertig haben, stellen Sie es bitte gleich den Banken vor. Ich habe zurzeit unglaublich viel um die Ohren.«

In mir sträubte sich alles. Nein, das wollte ich auf keinen Fall, das wollte ich nicht einmal versuchen. So etwas hatte ich noch nie gemacht. Daher lehnte ich auch ab, was der Investor schlichtweg nicht akzeptierte.

»Sie können das«, sagte er und klang so sicher, dass ich nun selbst unsicher wurde, ob ich es wirklich nicht konnte.

»Okay«, sagte ich schließlich. »Ich kann es versuchen.« Denn das ist ja das Spannende am Leben: Veränderung und immer wieder auf zu neuen Ufern! Wie schön, wenn es mit Herzklopfen geschieht.

Der Investor hatte recht, ich schaffte es, die Bank gab grünes Licht, da war die Einrichtung nur noch ein Klacks! Da wir als Familie viele Jahre Urlaub in Ferienhäusern in Dänemark und Holland gemacht hatten, konnte ich aus dem Vollen schöpfen.

Ich fragte mich einfach: Was möchte ich selbst in einem Ferienhaus vorfinden? Welche kleinen Extras erhöhen mein Wohlbefinden? Ich freute mich sehr, dass ich sogar die unterschiedlichen Außenfarben der Häuser mit auswählen durfte, und die Rezeption und Arbeitsräume stattete ich bei der Gelegenheit auch noch gleich aus.

Kündigung von Selbstzweifeln

An Ideen mangelt es mir normalerweise nicht. Doch wenn ich erklären sollte, wofür Selbstzweifel taugen, dann muss ich passen. Sie bringen einfach nichts. Sobald du dich für eine Sache entschieden hast, sollten die Selbstzweifel verstummen. Sie bremsen dich nur aus und erschweren es dir, eine spezielle Herausforderung zu genießen. Denn was hast du davon, wenn du dich ständig selbstzerstörerisch hinterfragst? Nichts! Hinterfragen ist so lange gut und richtig, wie du deine Möglichkeiten ausschöpfst. Hinterfragst du dagegen etwas, um unbewusst deine Leistung zu schmälern, deine Begeisterung zu lähmen, dein Glück auszubremsen, solltest du damit aufhören. Gewöhne dir also am besten zwei Schritte an, um Selbstzweifeln den Boden zu entziehen. Erstens: Entscheide dich zu hundert Prozent für etwas, nicht nur halb. Zweitens: Entlaste dich selbst, indem du im Anschluss die Formulierung wählst: Ich will es gern versuchen. So vermeidest du Überheblichkeit und Stress, der in Selbstzweifel münden kann. Du versuchst es, und zwar gern. Du gibst dein Bestes, doch bleibst geschmeidig, statt verbissen auf dein Ziel loszustürmen.

Ich stelle mir oft vor, wie ich mich fühlen werde, wenn das, was ich mir vorgenommen habe, vollbracht ist. Was werde ich Neues gelernt, wie werde ich mich verändert haben, denn das ist doch das eigentlich Interessante, wenn wir Aufgaben meistern: was das Ganze mit uns macht. Das muss übrigens nichts Geschäftliches sein. Eine Herausforderung kann auch darin liegen, sich vorzunehmen, nicht mehr so perfektionistisch in der Gartenarbeit zu sein. Mal einen Laubhaufen liegen zu lassen, ehe man nach Stunden völlig erschöpft mit Rückenschmerzen auf das Sofa fällt. Das haben wir doch nicht mehr nötig! Ist das nicht herrlich?

Frauen, die sich kleinmachen, schließen einen sittenwidrigen Vertrag

Der Auftrag für ein Vier-Sterne-Hotel geschah sozusagen hinter meinem Rücken. Zwei Investoren dieses großen Hotelkomplexes mit eigenem Hafenbecken stellten sich Hausboote an eigenen Stegen für ihre Gäste vor. Sie besuchten den Hersteller der Boote, und dieser empfahl ihnen »eine PR-Frau aus Hamburg, die bei uns die Einrichtung gemacht hat«.

Die Investoren schauten sich etwas genauer um und riefen mich an. Ich sollte ein Angebot für achtzig Ferienhäuser in Vier-Sterne-Ausstattung abgeben. Ich musste zuerst einmal tief Luft holen. Ich kannte diese Investoren nicht. Das war kein Kontakt über Bekannte, das war meine erste richtig professionelle Anfrage. Und dann noch so etwas Großes!

Ich beendete dieses Telefonat mit der Ankündigung eines Angebotes, das ich übermitteln würde. Mein übliches »Ich versuche es gern« sagte ich nur innerlich zu mir selbst. Und dann tanzte ich durch das Haus. Ich bin keine, die bei Freude sitzen bleibt, ich muss mich bewegen. Ich konnte mein Glück kaum fassen, denn der Zeitpunkt war ideal. Vor ein, zwei Jahren hätte ich einen solchen Auftrag nicht annehmen wollen. Doch nun hatte sich bei Johannes eine berufliche Veränderung ergeben. Mein Mann arbeitete bei einem amerikanischen Unternehmen, das fusionierte. Weltweit wurde Personal eingespart, und nach mehreren Kündigungswellen traf es auch Johannes. Zuerst machten wir uns keine Sorgen, denn er war hochqualifiziert. Wir freuten uns auf eine satte Abfindung und waren überzeugt, er würde schnell eine neue Stelle finden. Doch darin täuschten wir uns. Allmählich tauchte ein Schreckgespenst auf: Würden wir das Haus verkaufen müssen? Sparsam hatten wir immer gelebt, Kinderkleidung kaufte ich beispielsweise nur gebraucht, ich selbst kam gut mit Jeansrock und T-Shirts über die Runden. Doch vor einigen Jahren hatten wir uns einen Anbau geleistet, und der schlug nun dick zu Buche. Wie sollten wir das stemmen? Außerdem hatten wir zwei Kinder im Studium zu finanzieren, also war eine neue Einnahmequelle dringend erforderlich. Und nun sprudelte sie für mich!

So tauschten Johannes und ich die Rollen, was uns anfangs gar nicht mal bewusst war. Nun fuhr ich morgens zur Arbeit, und Johannes blieb zu Hause. Auf einer der Autofahrten fiel mir auf, wie sehr ich mich durch meine Berufstätigkeit verändert hatte. Ich empfand mich als stärker, souveräner. Auch wenn ich mich als Hausfrau nie klein und schwach gefühlt hatte, so war dies nun ein anderes Auftreten, und da ertappte ich mich dabei, dass ich ein letztes Mal, wie ich heute weiß, Hoffnung schöpfte, meine Partnerschaft mit Johannes doch wieder in eine Ehe zu verwandeln. Niemals hatte er mir erklären können, weshalb seine Gefühle erkaltet waren. Vielleicht würde die neue Greta ihn locken? Auch mein Kleidungsstil veränderte sich. Auf der Baustelle trug ich, das fand ich witzig, jeden Tag Krawatte. Eines Morgens traf ich den Investor, er wirkte verzweifelt.

»Frau Silver! Gut, dass Sie mir über den Weg laufen. Sie müssen mir helfen. Sicher können Sie eine Krawatte knoten.«

Ich verstand die Frage zuerst nicht. Natürlich konnte ich es, wenngleich diese Fähigkeit bei einer Frau normalerweise nicht zum Pflichtprogramm gehört.

»Meine Frau hat vergessen, mir Krawatten in den Koffer zu legen«, erfuhr ich da. »Sie bereitet sie immer vor, mit Knoten, damit ich nur noch reinschlüpfen muss.« Schon nestelte er an seinem Koffer herum und hielt mir dann eine rot-blaue Krawatte entgegen. Fassungslos nickte ich. Er legte sich die Schlinge um den Hals und trat erwartungsvoll auf mich zu. Ich knotete die Krawatte und dachte mir nicht zum ersten Mal in meinem Leben, dass Männer manchmal ganz schön unselbstständig sind.

Auf der Baustelle herrschte ein rauer Ton, an den ich mich erst gewöhnen musste. Ich war die einzige Frau im Team, und nicht alle fanden das gut. Besonders der Bauleiter behandelte mich als Eindringling. Zweimal in der Woche fand eine Besprechung in einem Bauwagen statt. Der Hotelkomplex war in der Rohbau-Beton-Phase, rundherum gab es noch keine Büros. Die Männer rauchten Gauloises, auf dem nicht immer sauberen Resopaltisch stand ein angeschlagener Teller mit Brötchen, der Käse bog sich nach oben. Niemals fehlte die runde Blechschachtel mit Keksen auf weißen Ziehharmonikapapiertütchen. Um pünktlich zu sein, fuhr ich um sechs Uhr morgens los. Oft dauerten die Besprechungen lange, sodass ich erst nachts zurück nach Hamburg fuhr. Um wach zu bleiben, kaufte ich mir häufig Studentenfutter an Autobahnraststellen. In Verbindung mit den Käsebrötchen und Keksen nahm ich fünfzehn Kilo zu, vielleicht legten die Wechseljahre, von denen ich ansonsten nichts merkte, noch das eine oder andere Pfund drauf. Darum würde ich mich später kümmern. Vier Jahre lang kam ich in vielen Nächten mit vier Stunden Schlaf aus und sprang morgens meistens voller Freude auf den Tag aus dem Bett. Was würde heute wieder alles Tolles geschehen? Leider gab es auch Unschönes, was vor allem an den Umgangsformen des Bauleiters lag, der seine Meinung, dass Frauen nichts auf Baustellen zu suchen hätten, nicht verbarg. Er versuchte, mich mit vielen miesen Tricks aus dem Projekt zu drängen, händigte mir falsche Pläne aus und wollte mich immer wieder vor den Investoren bloßstellen. Als ich merkte, dass es ihm nicht um die Sache ging, sondern er eher eine Art Privatfehde mit mir austrug, die sicher darin begründet lag, dass er mit selbstbewussten Frauen nicht umgehen konnte, wusste ich, dass ich alles doppelt überprüfen musste, was viel Zeit kostete. Schade, es hätte deutlich einfacher laufen können. Und ich selbst hätte es mir, das weiß ich heute, auch einfacher machen können, wenn ich Johannes von diesen Konflikten erzählt hätte. Doch ich wollte ihn nicht damit belasten, und letztlich ließ ich den Bauleiter an die Wand laufen. Eines Tages, als er in einer Besprechung wieder die Unwahrheit sagte, um mich zu beschuldigen, bat ich die Sekretärin, einen bestimmten Ordner zu holen. So konnte ich vor den Augen aller beweisen, dass er ein falsches Spiel trieb.

In Zukunft beschloss ich, seine Äußerungen wie ein Paket mit einer Stinkbombe zu behandeln: Annahme verweigert. Diese Strategie brachte den Durchbruch, und so konnte ich mich wieder vollständig an dem schönen Projekt freuen – nun ja, fast. Denn natürlich sprang mich manchmal das schlechte Gewissen an. War ich noch ausreichend für meine Familie da? Solche Gedanken bewiesen mir immer wieder eindrucksvoll, dass ich auf der Hut sein musste, nicht in alte Muster zu verfallen. Wenn ich nach Terminen nach Hause fuhr, versuchte ich umzuschalten in den Mutter-Modus. Was hatten meine Kinder heute erlebt, was stand bei ihnen an? Biologiearbeit beim Jüngsten, ich würde nachfragen. Ein wichtiges Telefonat mit meiner Tochter, auch da würde ich mich erkundigen, ebenso nach dem Fahrrad des Ältesten, das er neu bekommen hatte. Ich wollte die Familie auf keinen Fall vernachlässigen, doch es gab immer wieder Situationen, die mir zeigten, dass es nicht möglich war, Beruf und Familie gleichwertig zu leben. Vor allem in der Weihnachtszeit wurde mir das bewusst. Als Hausfrau hatte ich alle Geschenke, auch die für Freunde, im November eingekauft. Nun hatte ich nicht einmal die Zeit, jedem meiner Kinder einen Adventskalender zu basteln, wie es früher Brauch gewesen war. Ich hatte auch keinen freien Kopf für solche Bastelarbeiten, die mir vormals viel Freude bereitet hatten. Daran denke ich heute manchmal, wenn ich mich dabei ertappe, dass ich etwas mit viel Zeit und Genuss mache. Wie schön das ist! Jetzt diese Zeit zu haben, sie mir einfach nehmen zu können. Ich habe es nie vermisst, beruflich nicht mehr auf der Überholspur unterwegs zu sein, das war später meine eigene Entscheidung. Es war einfach eine andere Zeit. Jetzt kommt etwas Neues, und ich weiß es sehr zu schätzen. Als das Hotel schon zum Teil eingerichtet war, quartierte ich manchmal die ganze Familie ein – ein Paradies für die Kinder. Im Hafen gab es Fahrräder auf Skiern, in der Pizzeria konnten sie auf meinen Namen nach Herzenslust bestellen, sie durften mit Booten im Hafenbecken paddeln und gern auch ihre Freunde mitbringen. Eines Tages beobachtete mein Sohn, wie ich im Kreis einiger Arbeiter stand und Anweisungen erteilte. Ich wurde auch oft um Rat gefragt,

Frau Silver hier und da. Mein Sohn fragte: »Mami, bist du eigentlich hier sehr wichtig?«

Ich antwortete ihm: »Hauptsache, ich bin wichtig für dich.« In diesem Moment fiel mir das Bild meines Vaters ein, wie er auf unserem Bauernhof umringt von den Arbeitern stand und mal hierhin, mal dorthin wies. Und ich wünschte mir, er könnte seine Tochter sehen.

Trotz der vielen Aufgaben achtete ich stets darauf, nicht in Stress zu verfallen, denn der hätte mir die Freude an der Arbeit vermiest; ich hätte sie dann nicht mehr richtig genießen können.

Reite den Tiger!

Wenn mein Schreibtisch so voll war, dass ich nicht mehr wusste, wo ich zuerst anfangen sollte, sagte ich laut: »Reite den Tiger, sein Name ist Stress.« Und schon saß ich auf dem Rücken des Tigers und hielt die Zügel in der Hand. Es bestand keine Gefahr, in dem Trubel unterzugehen. Ich hatte alles fest im Griff. Dieses Gefühl schenkte mir sofort neue Energie, und schwungvoll arbeitete ich weiter. Wenn mich Dienstreisen in andere Städte führten, versuchte ich, ein wenig private Zeit für Sehenswürdigkeiten oder einen Museumsbesuch einzuplanen. So ein schnelles Auftanken wirkte wie ein Erholungsbad, und wenn ich danach dieselbe Straße entlanglief, die ich zuvor gegangen war, nahm ich plötzlich viele Kleinigkeiten wahr, die ich beim ersten Mal nicht bemerkt hatte. Ich entdeckte schöne Verzierungen an Häuserfassaden, beobachtete für ein paar Augenblicke ein Taubenpärchen beim Turteln oder zwei Teenager, die nichts anderes taten. Oft merkte ich dann, dass sich mein Schritt verlangsamte, dass ich tiefer atmete, und ich empfand Dankbarkeit für alles, was ich erleben durfte.

Für Johannes waren meine Erfolge nicht leicht zu verkraften, was er jedoch nicht direkt äußerte; ich reimte es mir aus verschiedenen Bemerkungen zusammen. Natürlich war er erleichtert, dass unsere finanzielle Lage nun gesichert war, doch er wäre lieber selbst der Versorger gewesen, als diese Rolle mir zu überlassen. So versuchte ich den Eiertanz, meine Erfolge kleinzuhalten, und wenn manchmal etwas wirklich Großartiges geklappt hatte, steckte ich das beim Nachhausekommen in die Manteltasche und thematisierte es nicht, denn ich befürchtete, es würde Johannes betrüben. Zum Glück wusch mir eine kluge Freundin diesbezüglich den Kopf. Sie fragte mich: »Welches Frauenbild vermittelst du eigentlich deinen Kindern? Die Erfolge von Frauen müssen verschwiegen werden, damit das Ego der Männer keinen Schaden nimmt?«

Nachdem ich mich vom ersten Schreck erholte hatte, bedankte ich mich bei ihr. Es sah ganz so aus, als müsste hier dringend ein Geheimvertrag gekündigt werden! Zumal diese falsche Rücksicht mich manchmal ein wenig einsam gemacht hatte, da ich meine schönen Erlebnisse nicht teilen konnte.

In Spitzenzeiten meines Jobs wollte ich mir ein richtig schönes Auto kaufen. Bis zu diesem Tag hatte mein Mann immer das große Auto gefahren und ich ein kleines. Als ich in der Familie von dem Gebrauchtwagen erzählte, den ich anzuschaffen gedachte, rief mein Sohn: »Mami! Dann fährst du ja ein größeres Auto als Papi.«

Aha, dachte ich, nahm Haltung an und sagte: »Natürlich.«

»Aber überall fahren die Männer das bessere Auto«, erwiderte mein Sohn.

»Kannst du das bitte mal begründen?«, fragte ich ihn.

Er zuckte mit den Schultern.

Ich half ihm auf die Sprünge. »Ich bin jeden Tag mit dem Auto unterwegs.«

Mein Sohn überlegte kurz und nickte dann. »Da hast du recht.«

Für mich wäre es sehr schlimm gewesen, wenn meine Söhne mit einem Frauen- und Männerbild aus dem letzten Jahrtausend groß geworden wären.

Kündigung von Rollenbildern

Auf dem Papier sind Frauen bei uns gleichberechtigt und in vielen Bereichen auch in der Praxis. Doch hast du dich schon einmal gefragt, wie du selbst das siehst? Wenn du eine Frau bist: Traust du es dir zu, dein Leben in die eigenen Hände zu nehmen? Und wenn du ein Mann bist: Glaubst du, es gäbe einen Unterschied im Recht auf Selbstverwirklichung?

Es ist immer wieder erstaunlich, dass sogar Menschen, die sich als weltoffen und tolerant bezeichnen, unentdeckte Geheimverträge in Seelentresoren aufbewahren, die eine Gleichberechtigung von Mann und Frau anzweifeln. Das hat überhaupt nichts damit zu tun, ob wir als Frauen entscheiden, dass wir den Beruf eine Weile auf Eis legen und zu Hause bei den Kindern bleiben. Ich würde das immer wieder so machen. Aber es kommt darauf an, ob wir diese Entscheidung bewusst gefällt haben, ob wir sie mit uns machen ließen oder glaubten, das sei normal, das gehöre sich so. Was sich für dein Glück gehört, kannst du nur für dich allein bestimmen. Jeder Mensch ist anders, jeder Mensch hat andere Vorstellungen, Wünsche und Fähigkeiten. Und auch wenn jeder seines Glückes Schmied ist, so sieht sein Werkstück doch anders aus.

Ich bedauere es sehr, dass nicht jeder Mensch so tolle Chancen erhält, wie ich sie in meinem Leben bekommen habe. Sie waren ein großes Glück für mich, und durch sie konnte ich eine Menge lernen. Ich bin aber davon überzeugt, dass es auch andersherum geht, dass man also zuerst gedanklich eine Richtung einschlägt und sie dann in der Praxis weiterverfolgt. Dass das auch funktioniert, weiß ich, weil ich selbst durch sehr viel Lesen und die Beschäftigung mit Glücksphilosophie zu Erkenntnissen kam, die ich in die Praxis umsetzen konnte. So kommt es vor allem darauf an, dass du das Richtige in der richtigen Phase tust. Wenn Theorie angesagt ist, mach dich nicht verrückt, weil du gerade nicht praktisch anpacken kannst. Und wenn du anpacken kannst, mach dir keinen Kopf, wenn dir Theorie fehlt. Alles hat seine Zeit! Ich würde dir eigentlich nur einen Rat geben: Sei begeistert und brenne für das, was du tun willst. Daraus entsteht alles andere von selbst, und Rollenmodelle sind nur noch eine Buchstabenfolge, die du mit deiner Begeisterung einfach wegpustest.

Lebe die beste Version von dir selbst – mit allen Extras

Ich konnte es selbst nicht glauben, als ich den nächsten Auftrag erhielt, der alle bisherigen grandios übertraf: ein Vier-Sterne-Hotel mit drei Restaurants und eintausend Quadratmetern Wellness, Konferenzbereich und einer glasüberdachten Piazza. Zu Beginn des Projekts begleitete Johannes mich einmal zur Baustelle. Wir liefen durch den Rohbau, und ich schwärmte ihm vor, wie alles später einmal aussehen würde. Begeistert führte ich ihn von hier nach dort und erzählte ihm von meinen Vorstellungen, die zu diesem Zeitpunkt lediglich in meinem Kopf existierten. Nach einer Weile gestand Johannes mir, dass er das alles zwar wirklich toll finde, doch er könne es nicht visualisieren wie ich.

Im ersten Moment konnte ich das gar nicht fassen. Wir standen in dem Raum, in dem einmal das Restaurant beheimatet sein sollte. Hörte Johannes denn nicht das leise Stimmengemurmel der Gäste, das Klappern von Geschirr? Nein, er sah und hörte es nicht, er befand sich in einem Rohbau. Für mich war hier nichts roh, ich befand mich in einer anderen Welt. Ich konnte in meinem Geist Lichter an- und ausschalten und die große leere Hotelhalle mit Menschen beleben. Vielleicht ist das ein besonderes Geschenk vom lieben Gott. Meine Vision wurde Wirklichkeit. Im Herbst zogen die ersten Gäste ein – mit reichlich Rabatt, weil noch nicht alles fertig war. Stresssituationen gab es jeden Tag unzählige, und nicht selten musste ich den Tiger reiten.

Als auch das letzte Zimmer eingerichtet war, kam die Geschäftsleitung der Hotelkette, unter deren Namen dieses Flaggschiff segelte. Stolz präsentierte ich meine Einrichtung. Ich sehe mich immer noch oben auf der Galerie über der Piazza mit den Herren stehen und höre mir an, wie begeistert man von dieser so individuellen Einrichtung war. Ich hätte keine Treppe mehr gebraucht, ich hätte auch schweben können. Und irgendwann an diesem großartigen Tag begriff ich, wie wundervoll es war, dass ich meine Arbeit nicht kleinmachen musste. Dass ich nicht die Luft anhielt und wie früher so manches Mal schnell abwehrte, das wäre eine Selbstverständlichkeit, so besonders sei das doch gar nicht, das hätten andere auch geschafft – was man eben höflicherweise so sagt. Ich konnte das Lob vollständig annehmen und genießen. Was für eine herrliche und lang verbotene Frucht des Alters! Ich gab mir selbst die Erlaubnis, diese Ernte verdient zu haben. Es war meine Arbeit, die ich mit einem tollen Team verwirklicht hatte, und so reichte ich das Lob auch weiter. Als der Festakt vorüber war, fiel mir auf, um wie viel ich meine Freude geschmälert hätte, wenn ich in der beliebten Rolle der Bescheidenheit geblieben wäre. Niemand hätte mich dazu gezwungen, niemand hätte es erwartet, ich hätte es aus freien Stücken getan und mich damit unfrei gemacht.

In Deutschland wird die Bescheidenheit gern hochgehalten, vor allem für Frauen, was für Männer bequem sein kann, die dann noch mehr Licht auf ihre Erfolge lenken, die sie ohne Frauen, die ihnen den Rücken stärken, gar nicht feiern könnten. Ich halte nichts davon, sich selbst ständig zu loben, aber genauso wenig halte ich davon, seine Erfolge und Leistungen kleinzureden. Und Frauen neigen nun mal eher zum Tiefstapeln, das hat man zumindest meiner Generation noch beigebracht: nicht auffallen, lächeln, immer freundlich und nett, die Welt hat nicht auf dich gewartet. Oh doch, das hat sie! Und auch auf dich, auf jeden von uns. Darüber kann man sich freuen und es genießen, ohne deswegen egoistisch oder größenwahnsinnig zu sein.

Wer sich kleinmacht, begrenzt sich

Warum nur fällt es uns so viel leichter, uns kleinzumachen, als uns in unseren Fähigkeiten wertzuschätzen? Was bringt es, sich selbst herabzusetzen? Wie oft habe ich schon Szenen beobachtet, in denen eine Frau für ihre Leistung gelobt wurde, und sie wischte es schnell weg: Nicht der Rede wert. Doch, es ist der Rede wert, du bist der Rede wert! Gibt es Situationen, in denen du dein Licht unter den Scheffel gestellt hast? Warum? Wäre nicht jetzt der beste Zeitpunkt, es einmal in den Mittelpunkt zu stellen? Du hast viel erlebt, bist über vierzig, fünfzig, sechzig, siebzig. Gerade wenn du dein ganzes Leben lang bescheiden warst: Wäre das nicht schon Grund genug, einmal etwas Neues auszuprobieren, und sei es nur, um weitere Facetten deiner Persönlichkeit auszuleben? Insgeheim weißt du doch, dass noch viel in dir steckt. Wenn du damit bescheiden hinterm Berg hältst, können andere das nicht mal ahnen und kommen kaum auf die Idee, dich zu fragen. Wie viel Interessantes dir da entgehen könnte, bloß weil du kein Zeichen gibst! Hisse die Fahne, zeige dich! Kannst du wertschätzen, was in dir steckt? Dich daran freuen? Und anderen die Chance geben, sich mit dir zu freuen?

Um dein Bild von dir selbst besser auszuleuchten, habe ich folgende Bitte an dich: Schreib dir einen Liebesbrief. Ja, du hast richtig gelesen. Einen Liebesbrief. An dich selbst. Ich habe es ausprobiert, und es berührte mich tief.

Liebesbrief an mich selbst

Am besten, du betrachtest dich erst einmal von außen und sammelst Eigenschaften, die du spontan erwähnenswert findest. Mir fiel das leichter, indem ich mich in meinen verschiedenen Rollen betrachtete. Als Mutter zeige ich andere Qualitäten als in Freundschaften oder in einem Ehrenamt. So wurde mir klar, über wie viele verschiedene Facetten ich verfüge und dass es überall Verstecke für Fähigkeiten oder einfach nur nette Eigenschaften gibt. Die Grundzüge wiederholen sich natürlich, aber es ist schon erstaunlich, wie unterschiedliche Menschen und Situationen auch immer wieder andere Persönlichkeitsmerkmale hervorkitzeln. Mein Mann, meine Kinder, meine Mutter, meine Freundinnen und Freunde, meine Kolleginnen und Kollegen – alle kannten kleinere oder größere Teile von mir. Das große Ganze, das kannte nur ich, und jetzt fügte ich es zusammen. Als ich eine Menge Stoff gesammelt hatte, begann ich mit dem Liebesbrief an mich selbst. Ja, es war zuerst ein wenig gewöhnungsbedürftig, doch Zeile um Zeile fiel es mir leichter. Ich schrieb Sätze wie: Toll finde ich an dir ... Oder: Ich erinnere mich gut daran, wie du ... Oder: Eine deiner Stärken liegt darin, dass ... Oder ganz einfach: Ich liebe dich auch dafür, dass ...

Verwahre deinen Liebesbrief an einem besonderen Ort und lies ihn immer wieder einmal. Vielleicht wird er Teil eines Rituals, und du entfaltest ihn einmal im Jahr, an deinem Geburtstag, an Silvester, wann auch immer, und erfreust dich an deiner Vielfalt und Liebenswürdigkeit. Lies diese wohlgesinnten Zeilen an dich selbst ruhig laut vor. Es gibt keinen Grund zu flüstern! Du kannst den Brief jederzeit weiterschreiben, denn es kommen ja ständig neue Kostbarkeiten hinzu. Lerne, das Gute an dir zu sehen. Deine Fülle ist unendlich!

Kündigung der Bescheidenheit

Die ganze Welt könnte uns zu Füßen liegen, doch wenn wir selbst uns nicht wertschätzen, hilft das gar nichts. Und auch schöne Erlebnisse können wir kaum genießen, wenn wir glauben, wir hätten sie nicht verdient. Häufig kommen wir zu diesem Schluss, wenn wir uns mit anderen vergleichen, die wir automatisch schöner, besser, klüger, selbstbewusster als uns selbst einstufen. Wir machen uns klein und andere groß. Besser wäre es, anderen, die uns einschüchtern, ein wenig Luft abzulassen und uns selbst keinesfalls kleiner zu machen, damit wir uns alle auf Augenhöhe begegnen können. Alles andere wäre ein Abhängigkeitsverhältnis, und das behindert das Glück.

Wie weit kommt man mit der hoch gelobten Bescheidenheit? Ich behaupte, sie ist keine Zier. Sie ist ein Fluch. Denn wir sind doch auf der Welt, um unsere Talente zu finden und auszuleben und damit Gutes zu tun! Und wenn du bislang kein Talent hattest, deine Talente zu finden, dann ist das Alter die beste Zeit, dies zu ändern. Ja, Menschen, die ihre Erfolge an die große Glocke hängen, können nerven. Doch falsche Bescheidenheit nervt auch. Also wirf sie raus aus deinem Leben. Zier dich mit den Wortperlen deines Liebesbriefs und sei dir deiner Einzigartigkeit bewusst, selbst bewusst!

Wie ein gebrochenes Handgelenk den Haussegen gerade richtete

Mein Mann brach sich das Handgelenk. Nach der Operation sah der Arm gruselig aus, das Gelenk war mit Stahlstangen fixiert. Johannes fiel, was den Haushalt betraf, vollständig aus, obwohl er mich, weil ich beruflich so eingespannt war, unterstützen sollte und das auch ein bisschen machte – zum Beispiel zur Reinigung fuhr und Wäsche abholte. Manchmal vergaß er es aber auch, und dann sah ich ihn vorwurfsvoll an und erledigte es selbst. Nun, wo er wegen seiner Verletzung nicht mithelfen konnte, war ich fröhlich wie immer. Keine Vorwürfe trübten meinen Blick. Und da fiel es mir wie Schuppen von den Augen, dass ich selbst die Wahl hatte, in welcher Stimmung ich die Dinge erledigen wollte, die getan werden mussten. Egal, ob mein Mann etwas nicht tat, weil er nicht wollte oder nicht konnte – es musste sich doch nicht auf meine Stimmung auswirken, wenn ich es dann erledigte. Ich schadete mir selbst, sobald ich mich davon beeinflussen ließ. So hatte ich mich mit meiner Mauligkeit selbst bestraft, mit der ich meinem Mann zeigen wollte, wie enttäuscht ich davon war, dass er etwas unterlassen hatte, womit ich gerechnet hatte. Half mir das irgendwie weiter? Machte es mir gute Gefühle? Sicher nicht. Warum also betrieb ich diesen Unsinn dann? Es dauerte Wochen, bis mir die Tragweite dieser Erkenntnis bewusst wurde, und es ist nicht übertrieben, wenn ich behaupte, dass sie mein Leben veränderte. Ich weiß noch, wie ich durch die Gegend lief und mir bei allem, was mir passierte, die Frage stellte: Ist das wirklich so schlimm?

Eines Morgens stieß ich mit dem kleinen Zeh an das Tischbein. Au, das tat weh! So ein kleiner Zeh und so ein großer Schmerz. Ich nahm nur noch diesen Schmerz wahr, bis eine Stimme in mir fragte: Tut es wirklich so weh? Erstaunt stellte ich fest, dass der Schmerz kleiner war, als ich vermutet hatte. Ich hatte gefühlt, was ich glaubte, fühlen zu sollen. So begriff ich, dass jede Situation erst durch meine Bewertung ihre Bedeutung erhält – hell oder dunkel, gut oder schlecht, schlimm oder nicht, halb voll oder halb leer. Und das betrifft nicht nur einen kurzen Schmerz, sondern alles, auch meine Gedanken über das Verhalten anderer Menschen. Mit unseren Bewertungen malen wir ein Bild unseres Lebens. Es ist ein völlig anderes Lebensgefühl, mit positiven Bewertungen durch den Tag zu gehen.

Alles veränderte sich, indem ich mich nun bei sämtlichen unangenehmen Ereignissen fragte: Ist das wirklich so schlimm? Meistens handelte es sich um Kleinigkeiten. Ich stand in der Warteschlange, die sich am langsamsten vorwärtsbewegte. Ein Handwerker sagte ab. Das Gemüse, das ich kaufen wollte, war ausverkauft, der Drucker kaputt. Alles Kleinigkeiten, keine Frage, aber in der Summe können sie einem den Tag durchaus vermiesen. Indem ich nun ein Augenmerk auf die Bedeutung richtete, die ich dieser scheinbaren Katastrophe einräumte, entlarvte ich ihre Nichtigkeit. Was für eine

Zeitverschwendung, mich darüber aufzuregen oder mir meine gute Laune zu verderben!

Ich bestimme meine Stimmung!

Sei dir bewusst, dass dir niemand schlechte Laune machen kann. Über deine Laune entscheidest du allein. Indem du dir vor Augen hältst, was wirklich schlimm für dich wäre, spielen die kleinen Ärgernisse des Alltags keine Rolle mehr, sie können deine gute Laune nicht stören.

Wie subjektiv alles ist, fiel mir eines Tages im Urlaub auf, als ich den Plausch einer Kassiererin mit der Kundin vor mir genoss. Es gefiel mir zuzuhören, ich war entspannt, und diese drei Minuten in der Warteschlange empfand ich als Bereicherung. Zu Hause hätte ich mich womöglich darüber geärgert. Die Situation war die gleiche – allein meine Bewertung unterschied sich. Einmal fand ich es gut, einmal nicht. Das bewies mir, dass es keine Situation geben konnte, die von Haus aus schlimm war. Erst meine Bewertung färbte sie ein, positiv oder negativ.

Ich bin sicher, du wirst die gleiche Erfahrung machen, wenn du dir bewusst machst, dass du jede noch so kleine Begebenheit beurteilst. Du entscheidest über die Bedeutung, und wenn du zu dem Schluss kommst, alles sei schrecklich, dann fühlst du das auch. Du wirst leidend durchs Leben gehen. Vielleicht suchst du sogar einen Schuldigen dafür, das wäre dir nicht zu verdenken, denn wer möchte schon gern Schuld am eigenen Unglück haben. Und das musst du auch nicht, wenn du verstehst, dass du es dir stattdessen allzeit schön machen kannst.

Angenommen, eine Veränderung in deinem Leben steht an. Deine Nachbarn wollen ausziehen, und du weißt nicht, mit wem du es in Zukunft zu tun haben wirst. Schließlich erfährst du, dass eine Familie mit zwei kleinen Kindern einziehen soll. Wie bewertest du dies? Um Gottes willen, die werden viel Krach machen, ich werde keine ruhige Minute mehr haben? Oder positiv: Eine junge Familie bringt Sonnenschein ins Haus. Je nachdem, wie du den Einzug bewertest, so wirst du dich fühlen und so wirst du den neuen Mietern begegnen, auch wenn du gut schauspielern kannst und glaubst, du könntest deine wahren Gedanken verbergen. Die neuen Mieter werden ihrerseits auf deine unausgesprochenen Schwingungen reagieren. Aber jetzt im Moment, wo du dich im Bereich der Spekulation befindest, hat das alles mit der realen Familie nichts zu tun. Du bist sozusagen in deinem eigenen Film. Die junge Familie sieht einen anderen Film. Sie erfährt vielleicht, dass eine alleinstehende Frau in der Wohnung nebenan wohnt, und auch das können sie so oder anders bewerten und dich damit vorverurteilen, ohne dich jemals gesehen zu haben. Und wie werden sie dann das Haus betreten? Offen und freundlich oder in Hab-Acht-Stellung? Vergiss bitte nie: Du hast die Wahl zwischen Neugier auf die Zukunft oder Ablehnung der Zukunft. Du hast die Wahl, unter deiner schlechten Stimmung zu leiden oder fröhlich zu sein – je nachdem, wie du mit der Situation umgehst. Und selbst wenn du schon einmal schlechte Erfahrungen mit Nachbarn gemacht hast: Wer sagt, dass es diesmal wieder genauso wird? Wenn du daran glaubst, stehen die Chancen hoch, dass du recht haben wirst. Denn was wir vordenken, das wird nur zu oft wahr.

Kündigung von Bewertungen

Unsere Emotionen sind keine direkte Reaktion auf unsere Wahrnehmungen, sondern die Folge unserer Bewertungen. Das bedeutet, wenn wir dieselbe Situation anders bewerten, fühlen wir uns auch anders. Unsere Handlungen wiederum führen dazu, dass andere Menschen wahrnehmen, werten, reagieren – und so geht es immer weiter. Wenn wir aufhören, negativ zu bewerten, drehen wir damit auch unseren negativen Gedanken und Gefühlen den Hahn ab. Ich sehe keinen einzigen Grund, die Kündigung von Bewertungen hinauszuzögern. Am besten: fristlos!

Nest leer,
Kalender voll

Meine Tochter, das mittlere meiner drei Kinder, zog als Erste aus. Nach Abitur und Ausbildung studierte sie am Bodensee. Viele Warnungen hatte ich gehört, wie schlimm es für mich werden würde, wenn die Kinder aus dem Haus seien. Gerade wo ich doch so ein inniges Verhältnis zu ihnen pflegte. Solche Schreckensszenarien machten mir keine Angst. Ich konzentrierte mich lieber aufs Mitfreuen. Was für eine spannende Zeit, wenn man endlich ausfliegt und die Welt erkundet. Ich machte mir keine Sorgen, sondern vertraute grenzenlos darauf, dass meine Kinder ihr Leben glücklich gestalten würden. Davon abgesehen war ich selbst noch berufstätig, hatte also einiges um die Ohren, und vielleicht vereinfachte das den Übergang.

Die beiden Jungs zogen schließlich auch aus, blieben aber in der Stadt. Klar wurde ich nach Einrichtungsideen gefragt, und ich freute mich, ein bisschen mithelfen zu dürfen. An dem berühmt-berüchtigten Empty-Nest-Syndrom litt ich nie. Ich würde den Blick prinzipiell niemals darauf lenken, was ich verliere, sondern darauf, was ich gewinne. Deshalb kommt es mir auch nicht in den Sinn zu jammern, wenn eine Lebensphase sich dem Ende zuneigt. Ich blicke lieber nach vorn und erwarte gespannt das Neue, das dann auftaucht. Wer zu oft nach hinten blickt, läuft Gefahr, in die Jammerfalle zu rutschen.

Es gibt keinen größeren Zeit- und Energieräuber als Jammern

Jammern versaut einem nicht nur das Leben, es hat auch einen hohen Preis: Lebenszeit. Und da Jammern ansteckend ist, folgt auf ein Jammerthema das nächste. Jammern führt in die Opferrolle, wir verlieren Handlungsspielraum. Jammern ist heimtückisch, oft schleicht es sich so geschickt ein, dass Menschen gar nicht merken, dass sie jammern. Sie glauben, ihr »Ja, aber ...« diene als Entschuldigung für das eigene Verharren in unangenehmen Zuständen. Wie schade! Natürlich versuche ich, gerade diesen Menschen Impulse für eine Veränderung zu geben, doch ich stelle meine Bemühungen ein, wenn ich merke, dass es sich jemand gemütlich gemacht hat im Jammertal. Hier erkenne ich auch einen Unterschied zu früher. In jüngeren Jahren wäre ich da hartnäckiger geblieben – ohne deshalb ein besseres Resultat zu erzielen. Der Ansporn zum Glück muss aus einem selbst kommen. Heute kann ich akzeptieren, dass jeder Mensch seine Wahrheit lebt, und in manchen Wahrheiten wird nun mal gejammert. Diese Akzeptanz ist eine unglaubliche Erleichterung und eine der schönsten Früchte des Alters: Toleranz!

Ein Hindernis bei der Kündigung von Geheimverträgen kann falsch verstandene Solidarität sein. Wenn alle meine Freunde jammern, muss ich doch mitmachen, oder? Aber ist es nicht besser, dann noch einmal neu anzufangen in einem Umfeld mit Menschen, die ihre Geheimverträge ebenfalls gekündigt haben? Mit Menschen, die ihre Zeit nicht mit Jammern und negativen Gedanken verschwenden wollen? Mit Menschen, die noch andere Themen kennen als Krankheiten? So ein Schnitt ist jedoch nur sehr selten nötig. Oft genügt es, einige neue Impulse zu setzen, auch anderen davon zu erzählen, was man bei sich selbst ausgekundschaftet hat.

Eine weitere Gefahr der Jammerei liegt in ihrem hohen Suchtpotenzial. Wenn du im Selbstmitleid versinkst und durch Jammern Hilfe erfährst, könntest du das für eine Stärke halten, weil du die anderen scheinbar manipulierst. Das ist gefährlich und macht nicht glücklich. Es mag zwar sein, dass es dir kurzfristig gelingt, mehr Aufmerksamkeit zu bekommen, doch letztlich verharrst du in der Opferrolle, und das ist kein schönes Lebensgefühl. Vielleicht ist dir das gar nicht bewusst, weil du deine Lebensqualität schon lange nicht mehr hinterfragt hast? Man kann Gewohnheiten jedoch entrümpeln wie einen Keller, in dem sich mit den Jahren auch viel ansammelt, wofür man keine Verwendung mehr hat.

Gewohnheiten entrümpeln

Wenn du schon mal dabei bist, über deine emotionalen Gewohnheiten nachzudenken, kannst du auch deinen Freundeskreis kritisch überprüfen. Mit welchen Menschen hast du noch Herzenskontakt? Nach welchen Begegnungen gehst du erfüllt nach Hause? Und wann hast du eigentlich keine Lust und hakst ein Treffen wie eine Verpflichtung ab? Ja, ich weiß, es erfordert Mut, sich das einzugestehen, denn Freundschaft und Familie sind in gewisser Hinsicht unantastbare Größen. Doch gerade hier kommt es nicht auf Quantität, sondern auf Qualität an. Und wenn wir merken, dass wir manche Menschen, mit denen wir nicht verwandt sind, lieber als andere treffen, die womöglich zur Familie gehören, können wir uns Gedanken darüber machen, wie wir diese Beziehungen verbessern. Oder wir möchten das gar nicht, sondern sie reduzieren. Dann ist das allemal aufrichtiger, als sich fortgesetzt häufig zu treffen, ohne sich etwas zu sagen zu haben. Wenn einer den ersten Schritt tut, eine Verbindung zu lockern, ist der andere womöglich dankbar und erleichtert. Denn es ist nun mal so, dass nicht jedem Menschen das Talent gegeben ist, unbequeme Wahrheiten auszusprechen.

Schließe auch deine Hobbys in deine Überlegungen ein. Macht es dir wirklich noch Spaß, mit den Sportsfreunden nach dem Match eine Runde im Bistro abzuhängen? Würdest du nicht manchmal lieber nach Hause gehen und ein heißes Bad nehmen? Oder missfällt es dir, dass über die jeweils Abwesenden gelästert wird? Du bist alt genug, der Stimme deines Herzens zu folgen und nur das zu tun, was du wirklich willst, nur noch die Kontakte zu pflegen, die du als wahrhafte Begegnungen schätzt. Jeder hat das Recht, so zu sein, wie er möchte. Das gilt für dich ebenso wie für alle anderen. Wäre es nicht eine große Erleichterung, wenn wir alle davon ausgehen würden, dass wir uns aufrichtig begegnen? Und wer es nicht wagt, einen Schlussstrich zu ziehen, kann es erst mal mit einer Pause versuchen, die alte Gewohnheiten nach einer Weile womöglich in einem neuen Licht erscheinen lässt.

Kündigung der Jammerei

Setz dich auf Jammer-Diät, um diese Angewohnheit ein für alle Mal zu kündigen. Komm dir selbst auf die Schliche! Spitze die Ohren und versuche, einen Tag lang nicht zu jammern. Einen anderen Tag lang sprich nicht schlecht über andere. Einen anderen Tag lang ersetze *aber* in deinen Sätzen durch *und*. Streiche den Ja-aber-Paragrafen aus deinem Leben und mach damit Platz für den einen oder anderen Absatz Glück.

Altersfalten sind das neue Piercing

Als ich das größte Projekt meines Lebens abgeschlossen hatte, wollte ich wieder mehr Zeit zu Hause verbringen. Einfach am Schreibtisch sitzen und etwas in die Wege leiten, nicht mehr im Stau stehen und von Termin zu Termin hetzen. Mittlerweile hatten wir ein Au-pair-Mädchen, sodass Johannes auch in meiner Abwesenheit die Reinigung gern vergessen durfte, denn das Au-pair-Mädchen brachte die Kleidung hin und holte sie wieder ab. Ganz ohne Berufstätigkeit konnte ich mir mein Leben nicht vorstellen, und auch finanziell wäre das zu diesem Zeitpunkt nicht möglich gewesen. Ich liebäugelte mit einer Position als »Springer für Notfälle« und erkundigte mich schriftlich bei einer Pressestelle in meiner Nähe. Die 08/15-Absage frustrierte mich kein bisschen, ich war neugierig, warum sie mich nicht wollten, ja, ich konnte mir gar nicht vorstellen, dass die Pressestelle keine Verwendung für meine Fähigkeiten hätte. Ich vergab mir doch nichts, wenn ich da einmal nachhakte, zumal mir die Gründe der Absage helfen würden, eine weitere Bewerbung anders zu formulieren. Nach einem Telefonat mit der zuständigen Bearbeiterin hatte ich einen Vorstellungstermin beim Chef der Presseabteilung, und im Gespräch merkte ich schnell, dass er mir einen konkreten Job anbot, ja, er bat mich sogar, bereits am nächsten Tag anzufangen.

Wie war ich froh, dass ich die Absage nicht ernst genommen hatte. Manchmal muss man sich eben persönlich vorstellen und anderen Menschen eine Vision geben, was man für sie erreichen könnte. Ich habe die Erfahrung gemacht, dass dies in einem persönlichen Gespräch hundertmal besser zu erreichen ist als schriftlich. Deshalb würde ich immer den persönlichen Weg wählen, egal, um welches Ziel es sich handelt.

In der Zeit der Arbeitssuche fragte mich eine Freundin, ob ich denn keine Angst hätte, zu alt für einen neuen Job zu sein. Auch wenn sie und ich wüssten, was in mir stecke, man sähe mir nun mal an, dass ich die fünfzig überschritten hätte.

»Zum Glück!«, rief ich. Waren meine Falten kein Garant für meine Erfahrung? In meiner Jugend ließen sich Studenten beim Fechten einen Schmiss ins Gesicht schlagen. Diese Verletzung sollte zeigen, dass sie harte Kerle waren und einer studentischen Verbindung angehörten. Später ließ sich die Jugend tätowieren, dann folgte Piercing. Auch das ist ein Zeichen für eine Gruppenzugehörigkeit und symbolisiert eine Mutprobe. Genau so ist es mit den Altersfalten. Sie zeigen, dass wir manche Schlacht geschlagen haben und nicht zimperlich sind. Und zu einer tollen Gruppe gehören! Ich muss mir das zwar manchmal vor dem Spiegel noch selbst sagen und meine Falten so liebevoll betrachten wie ein Foto von einer alten Indianerin. Da nämlich erzählen die Falten von Weisheit, Gelassenheit, Frieden und ganz viel Lebenserfahrung.

Die neue Tätigkeit interessierte mich sehr. Der einzige kleine Makel daran war: Ich konnte nicht von zu Hause aus arbeiten, sondern musste, obwohl ich freiberuflich tätig war, in die

Firma. So sah ich meine Kinder weniger. Nach einigen Monaten wurde ich mit der Durchführung von Veranstaltungen des Firmengründers betraut, der sich in unterschiedlichen Stiftungen sozial engagierte. So sollte ich bald bedeutende Persönlichkeiten aus Politik, Kultur und Wirtschaft kennenlernen, vor denen ich keine Scheu haben durfte. Da musste ich das große Alphabet lernen – wen spreche ich mit »Exzellenz« an und wen mit »Herr Botschafter« und vieles mehr, das im Protokoll vorgeschrieben war und was ich längst wieder vergessen habe. Nur eins habe ich behalten: dass ich alle meine Vorurteile kündigen kann. Auch diese Personen aus dem Rampenlicht sind Menschen wie wir alle. Manche nett, andere schwierig, manche freundlich, andere übellaunig. Aber eben Menschen wie du und ich.

Managerin Mama

Auch bei meinen früheren beruflichen Aufgaben hatte ich hin und wieder schmunzelnd festgestellt, dass ich mir bestimmte Qualifikationen in meiner langjährigen Ausbildung und Tätigkeit als Hausfrau und Mutter angeeignet hatte. Vielleicht kennst du den Werbespot aus dem Fernsehen, in dem sich eine sympathische Mittdreißigerin als Managerin eines mittelständischen Familienunternehmens bezeichnet – sie ist Hausfrau und Mutter. Es gibt kaum eine Herausforderung, die mehr unterschiedliche Talente erfordert. Festgefahrene Vorstellungen sind fehl am Platz. Mütter müssen allzeit mit allem rechnen und dann sehr schnell und spontan mit Einfallsreichtum flexibel auf neue Situationen eingehen. Dabei sollen die Kinder wenn möglich nicht merken, dass sie angeleitet werden, sondern am besten aus freien Stücken heraus begeistert mitmachen. Gelingt es den Müttern, alles zu wuppen, ohne in Stress zu geraten, haben sie ihre Führungsqualitäten mehr als bewiesen.

Ich erinnere mich in diesem Zusammenhang an eine große Veranstaltung des Mäzens, vor der ich kurzfristig erfuhr, dass die Hauptperson ins Krankenhaus eingeliefert worden war und ausfiel. Ich sehe mich noch am Schreibtisch zusammensacken, das Telefon in der Hand. Was nun? Hunderte von geladenen Gästen aus Wirtschaft, Politik und dem Showbusiness flogen in diesen Stunden aus aller Welt ein, um die Veranstaltung zu besuchen.

»Der Job geht weiter – nur anders«, dieser Ausspruch hat mir auch später oft geholfen, wenn das Leben plötzlich neue Bahnen einschlug. Ohne Ausbildung und langjährige Erfahrung als Hausfrau und Mutter hätte ich wahrscheinlich nicht so schnell auf einen Plan B zurückgreifen können, den ich zuerst einmal entwickeln musste.

Warum aber übersehen wir Frauen und die Gesellschaft die Qualifikation von Müttern und Hausfrauen so oft? Ich bin mir sicher: Wir halten unsere Tätigkeit innerhalb der Familie für nicht so wichtig, weil wir keine angemessene Bezahlung dafür erhalten. Ich glaube, wenn jede Mutter das Gehalt einer Unternehmerin aus dem Mittelstand bekommen würde, könnte sie sich nach dem Auszug der Kinder leichter entschließen, außerhalb der Familie Verantwortung zu übernehmen. So groß ist der Unterschied nämlich nicht, und was Gewissenhaftigkeit, Pflichtbewusstsein und Verantwortungsgefühl betrifft, kann man nirgends besser lernen als in der eigenen Familie, für die man das Beste erreichen möchte. Und dieses Beste versuchte ich dann eben für die Firma zu erreichen.

Ich erinnere mich an eine Veranstaltung, bei der mir der Protokollchef des Ministerpräsidenten in die Quere kam. Aus dem Augenwinkel hatte ich beobachtet, dass er in eine für mich falsche Richtung lief. Es war nur so eine Ahnung, und vorsichtshalber folgte ich ihm. Tatsächlich! Er ging schnurstracks in das Restaurant und vertauschte dort die Tischkarten. Die Sitzordnung war jedoch von höchster Stelle festgelegt, und auch wenn der Ministerpräsident andere Wünsche geäußert haben mochte oder der Protokollchef seinen Chef besser platzieren wollte, sie waren Gäste. Und war das alles nicht ein bisschen Sandkasten? Wer mit welcher Schaufel und mit welchem Eimerchen spielen darf? Mit Spielplatzstreitigkeiten kannte ich mich aus. Ich atmete tief durch und trat dem Protokollchef mit Autorität entschlossen entgegen. Der gab sein Schäufelchen natürlich nicht ohne Protest ab, doch ich versprach ihm, dass er auch auf einer anderen Position schöne Sandkuchen würde backen können. Er gab klein bei, jedoch nur zum Schein, wie ich spürte, und ich wusste, dass ich ihn bis zum Beginn des Dinners gut im Auge würde behalten müssen. Später fragte ich mich, weshalb mein Alarm eigentlich losgegangen war. Meine Intuition hatte mich gewarnt. Auch sie ist im Lauf meines Lebens immer feiner geworden, denn sie speist sich unter anderem aus Erfahrung. Früher wurde Intuition vor allem Frauen zugesprochen, man nannte sie weiblich, und sie wurde von den Herren der Schöpfung nicht so richtig ernst genommen. Heute besuchen Führungskräfte Seminare zur Schulung der Intuition, und wer bei Börsengeschäften auf sein Bauchgefühl hört, macht sich nicht lächerlich, sondern ist ein Finanz-Guru.

Die Intuition ist der beste Ratgeber

Als Intuition – von dem lateinischen Wort *intueri,* betrachten, erwägen – wird jene Begabung bezeichnet, die es uns ermöglicht, Einsichten in Sachverhalte, Sichtweisen und Gesetzmäßigkeiten zu erlangen. Schon bei dieser Definition wird das ungeheure Potenzial der Intuition klar. Wer würde nicht gerne Einsichten in Sichtweisen bekommen, die wiederum Entscheidungen maßgeblich beeinflussen können. Zum Beispiel, indem die Absichten eines potenziellen Vertragspartners oder Sitzplatztauschers erahnt werden.

Das Bauchgefühl ist schwer in Worte zu fassen, ein bisschen nebulös kommt es daher. Und deshalb wurde es fälschlicherweise wohl auch gering geschätzt. So als würde ein Bauchgefühl die klare Entscheidungsfähigkeit des Kopfes trüben oder Wissen und Kompetenz zu ersetzen versuchen. Wer jedoch seine Entscheidungen aufgrund einer Abwägung zwischen Kopf und Bauch fällt, wird in den meisten Fällen mehr Erfolg mit diesen Entscheidungen haben. Darüber hinaus fühlen wir uns besser, wenn wir aus dem Bauch heraus entscheiden. Bauchentscheidungen werden in der Regel weniger bereut als Kopfentscheidungen. Das Bedauern »Hätte ich auf mein Bauchgefühl gehört« ist verbreiteter als »Hätte ich mal lieber auf meinen Kopf gehört«.

Kündigung von Altersbeschränkungen

Gerade im Alter sollte das Bauchgefühl immer wichtiger werden. Denn wenn wir nur auf den Kopf hören, stoßen wir an zu viele Vorurteile, was ältere Menschen alles nicht mehr tun sollen und dürfen, was sich nicht schickt, was albern wäre und so weiter. Unser Bauchgefühl zeigt uns die Richtung, was gut für uns ist. Nämlich alles, was wir mit Freude tun, was wir immer mal tun wollen, was uns Spaß macht und belebt. Und deshalb sollten wir Altersbeschränkungen aller Art die rote Karte zeigen!

Verletzungen loswerden

Ich wurde gemobbt! Als ich es endlich begriff, konnte ich es zuerst nicht fassen. Ich doch nicht! Doch, auch ich. Und wie viele andere, die unter Mobbing leiden, versuchte ich lange, diese Tatsache zu leugnen. Denn ich arbeitete ja als Selbstständige in einem Team. Aber das schützte mich nicht.

Eine Kollegin verbreitete fortgesetzt Unwahrheiten über mich. Viele Wochen verstrichen, bis ich erkannte, dass dahinter ein Plan steckte. Anfangs hielt ich die seltsamen Vorkommnisse für Missverständnisse, Versehen, Unaufmerksamkeiten. Doch die Kollegin war scharf auf meinen Job und sägte mit jeglichen und vor allem üblen Methoden an meinem Stuhl. Damit hätte ich umgehen können. Doch was mich wirklich verletzte, war der Umgang meiner Kollegen bis hoch zum Abteilungsleiter mit ihren Lügengeschichten. Sie glaubten sie einfach. Ohne mich zu fragen! Ohne mich in Kenntnis zu setzen, welche Ränke hinter meinem Rücken geschmiedet wurden. Zuerst einmal war ich wütend. Am liebsten hätte ich den Auftrag fristlos gekündigt. Doch es ist nicht meine Art, mitten im Projekt aufzugeben. Also beschloss ich, meine Arbeit ordentlich zu Ende zu bringen. Da ich bislang stets freudvoll, wenn nicht sogar begeistert in die Firma gefahren war, konnte ich mir nicht vorstellen, wie es sich auswirken würde, wenn ich meinen Arbeitsplatz gezwungenermaßen aufsuchte. Doch so fühlte es sich nach einer Weile an. Jeden Morgen hatte ich einen Kloß im Hals, der riesengroß wurde, sobald ich die Firma betrat. Natürlich las ich eine Reihe von Büchern zum Thema Mobbing und sprach mit anderen darüber, doch dieses ganze Wissen half mir nicht weiter, wenngleich die Attacken in dem Moment nachließen, als ich mich wehrte. Aber wie gesagt, das dauerte eine Weile, weil ich ja zuerst einmal auf die Idee kommen musste, dass ich gemobbt wurde.

Eines Tages kam mir das Wort verzeihen in den Sinn. Und wie bei einem Geistesblitz, dessen Bedeutung für mein Leben ich sofort erkannte, bekam ich auch dieses Mal Gänsehaut. Ich wusste sofort, was ich zu tun hatte. Es ging nicht darum, die Kollegin noch stärker in ihre Schranken zu weisen oder anderen zu beweisen, dass ich und nicht sie recht hatte, oder dem Abteilungsleiter mitzuteilen, dass sein Verhalten mich befremdet hatte. Nein, es ging darum, der Angreiferin zu verzeihen.

Schutzschild gegen Mobbing

Verzeihen bedeutet nicht, eine Tat zu beschönigen und kleinzureden, nach dem Motto: Er hat es nicht so gemeint, sie konnte es nicht besser, er hatte eine schwere Kindheit. Verzeihen heißt für mich, dem anderen die Macht zu entziehen, mich weiter zu verletzen. So schlüpfe ich aus der Opferrolle und gewinne Handlungsfähigkeit zurück. Ich verzeihe aktiv. Ich bestimme die Spielregeln. Das ist mein Schutzschild gegen Mobbing.

Es betraf mich dann einfach nicht mehr, und selbst wenn die Kollegin weiter Pfeile auf mich abgeschossen hätte, wären sie abgeprallt. Sie versuchte es aber nicht mehr, und für mich war das Thema so vollständig erledigt, dass ich in der Folge wieder kollegial mit ihr zusammenarbeiten konnte. Das Einzige, was ich hin und wieder bedauerte, war, dass ich keinen meiner tollen Rachepläne verwirklichen konnte. Ach, ich hätte so herrliche Ideen gehabt! Aber ich hielt sie alle im Zaum. Jedes Mal, wenn wieder ein Rachegedanke auftauchte, sagte ich mir leise oder laut: Ich verzeihe ihr. Anfangs musste ich bestimmt zwanzig Mal am Tag verzeihen, dann wurde es besser. Ich stellte mir außerdem immer wieder vor, dass die Kollegin einen Rucksack voller Verletzungen mit sich herumschleppte. Diese Last beschwerte ihr ganzes Leben, niemand nahm sie ihr ab, und diejenigen, die ihr den Rucksack aufgebürdet hatten, waren längst tot oder hatten sich aus dem Staub gemacht. Doch es gab ja andere. Mich zum Beispiel, bei der sie versuchte, einen Teil ihrer Last loszuwerden. Bloß blöd, dass ich sie nicht annehmen wollte.

Verzeihen bedeutet also nicht verzichten oder das Geschehene klein reden, nein, die Tat bleibt genauso schlimm, wie sie ist. Indem ich verzeihe, befreie ich mich selbst von der Wut. Klar habe ich mich parallel für meine Rechte eingesetzt. So schnell lass ich mir nicht die Butter vom Brot nehmen!

Verzeihen statt kündigen

Wenn wir gekränkt sind oder uns ungerecht behandelt fühlen, neigen wir dazu, eine Beziehung auf Eis zu legen oder ganz abzubrechen. Oder wir reden nach außen hin freundlich mit der Person, mit der wir eigentlich nichts zu tun haben wollen, und denken uns unseren Teil. In meiner Weltsicht wäre das jedoch Zeitverschwendung. Wieso soll ich weiterhin mit Menschen Umgang pflegen, denen ich nicht auf Augenhöhe begegnen will? Lieber verzeihe ich, statt zu kündigen oder eine Beziehung in die Schieflage rutschen zu lassen. Ohne die gleiche Augenhöhe kann es keine wahrhafte Verbindung zwischen Menschen geben.

Es gilt nur zwei Schritte zu beachten. Erstens die Verletzung anzunehmen, sie gehört zu deinem Leben. Zweitens zu verzeihen. Rücke dabei nicht das Verzeihen in den Mittelpunkt deiner Gedanken, sondern die Freiheit, denn indem du verzeihst, befreist du dich. Verzeihen mag nach Schwäche klingen – »der Klügere gibt nach« kann auch beschönigend gedeutet werden. Doch Verzeihen schenkt uns Freiheit, und so sind wir letztlich die Stärkeren. Und dann fühlst du weder Wut noch Hass noch Rache. Ist dies nicht das Größte, was du erreichen kannst? Frei zu fühlen und zu denken, was du möchtest. Niemand steuert deine Gefühle und Gedanken in eine Richtung durch sein negatives Verhalten. Du bist frei für das ganze große, schöne Leben.

Du kannst das Verzeihen natürlich auch dir selbst gegenüber praktizieren. Vielleicht hast du einmal wider besseres Wissen eine falsche Entscheidung getroffen, oder du neigst zum Perfektionismus und legst dir deshalb immer wieder Steine in den Weg. Du willst eigentlich abnehmen, und dann begegnet dir eine aufdringliche Tafel Schokolade. Verzeih dir! Und von mir aus auch der Tafel Schokolade. Sie kann ja nichts dafür. Es erleichtert dir das Leben, denn sich selbst sollte man als Letztes mobben, idealerweise sind wir uns selbst unser bester Freund.

Lange nicht verstanden wir uns so gut wie bei unserer Scheidung

Als die Kinder aus dem Haus waren, fiel es mir noch deutlicher auf, dass Johannes und ich zwei unterschiedliche Lebensmodelle bevorzugten, ja mehr noch: Eigentlich lebten wir in verschiedenen Welten. Während mich die Neugier nach Neuem, die Begeisterung für Projekte, Menschen und die Suche nach spannenden Erfahrungen aus dem Haus zog, bevorzugte Johannes gleichförmige Gemütlichkeit. Damit hätte ich mich abfinden können. Es bereitete mir jedoch zunehmend Probleme, mit Johannes' Unzufriedenheit zurechtzukommen. Kleinigkeiten konnten ihm die Laune verderben, und da ich mit ihm unter einem Dach lebte, schwappte diese Laune zu mir herüber, und ich musste ihn pausenlos aufmuntern. Ein Jahr lang fragte ich mich immer wieder, wie lange ich das noch schaffen würde. Die Vorstellung, bis zum Ende, das dann wohl bitter sein würde, gegen seine Brummigkeit anzurennen, bedrückte mich. So wollte ich nicht leben. Aber wenn ich mit ihm zusammenbliebe, musste ich ein Stück weit so leben, denn ich würde seine Unzufriedenheit ja immer mitbekommen und meinem Naturell nach versuchen gegenzusteuern. Hatte ich eine Idee, egal wozu, lehnte Johannes sie erst einmal ab. Es spielte keine Rolle, was von mir kam, er war immer dagegen. Eine Freundin hatte mir einmal eine Karte mit einem Spruch geschenkt – in Anspielung auf das Klima, das bei mir zu Hause herrschte: Drachen brauchen Gegenwind, um zu steigen. Ich musste herzhaft lachen und fühlte mich verstanden. Doch das Lachen fiel mir zunehmend schwer, und das wollte ich nicht. Aber ich wollte mich auch nicht von Johannes trennen, denn er war doch mein Mann. Egal, wie altmodisch ich sein mochte, für mich bedeutete das etwas. Nach vierzehn harmonischen Jahren war in den dann folgenden schwierigen dreiundzwanzig Jahren unserer Ehe meine Liebe zum Schluss auf der Strecke geblieben. Ich begann Johanes so zu betrachten wie er vielleicht mich. Nach wie vor waren wir ein Spitzenteam und von außen gesehen genau die trubelige Familie, die ich mir immer gewünscht hatte. Allein Johannes' düsteren Blick auf das Leben ertrug ich kaum mehr. Doch was würde geschehen, wenn ich ihn bat auszuziehen oder selbst auszog? Würde unsere Familie dann auseinanderbrechen? War es nicht meine Aufgabe, die Familie zu schützen? Wäre es egoistisch von mir, sie zu verlassen, oder war es an der Zeit? Schließlich waren die Kinder erwachsen, und ich hatte lang genug alles zusammengehalten. Eines Tages erlebte ich ein Gefühl, dass sich noch nie bemerkbar gemacht hatte, denn meine Kraft war doch endlos. Doch ich spürte deutlich, dass ich keine Energie mehr hatte, weitere zehn, zwanzig, dreißig Jahre so zu leben. Ich merkte, dass es nicht zu meinem Lebenskonzept passen würde, wenn ich noch länger wartete, ja, worauf wollte ich denn noch warten? Ich hatte alles versucht, um meine Ehe zu retten. Doch einer allein kann keine Beziehung retten. Einfach nur nebeneinanderher zu leben, erschien mir wie eine Lüge und auch ein Verbrechen dem Leben gegenüber. Hätte ich dann nicht in gewisser Weise aufgegeben? Ach, es fiel mir unglaublich schwer, eine Entscheidung zu fällen. Ich war sicher, das Haus zu verlieren, und nahm wochenlang von jedem Baum und Strauch Abschied. Im Haus strich ich über Mauern und Türen und erinnerte mich daran, wie wir das alles aufgebaut hatten, so vieles mit eigenen Händen; wie viele Entbehrungen und wie viel Glück. Ich zweifelte nicht daran, dass ich das Haus würde verlassen müssen. Ich war es ja schließlich, die eine Trennung wünschte. Außerdem konnte ich mir Johannes in keiner anderen Umgebung vorstellen. Für mich wäre es bestimmt leichter als für ihn, an einem anderen Ort neu anzufangen. Johannes gehörte in das Haus, und wenn die Kinder zu Besuch kämen, würden wir uns alle hier treffen. Jetzt musste ich es ihm nur noch sagen. Tagelang hoffte ich auf eine gute Gelegenheit. Es gab keine. Ich hatte das Gefühl, als würde ich mir selbst das Herz aus dem Leib reißen. Aber es musste sein. Für die Wahrheit. Für die Zukunft. Damit ich wieder eine unbeschwerte Gegenwart genießen konnte. Und dann geschah ein kleines Wunder. Johannes, der sich sonst nicht sehr aufmerksam zeigte, was meine Stimmungen betraf, wobei ich vielleicht auch schon lange nicht mehr so niedergeschlagen gewesen war, fragte mich: »Was ist mit dir, Greta? Du wirkst bedrückt.«

Da brach alles aus mir heraus. »Ich kann nicht mehr! Ich möchte so nicht weiter leben! Ich möchte eine räumliche Trennung!« Ich atmete tief durch und forschte gespannt in Johannes' Zügen.

Ruhig antwortete er: »Ich habe mich schon die ganze Zeit gewundert, wie lange du es mit mir aushältst.«

Damit verblüffte er mich. Ich wusste gar nicht, was ich sagen sollte.

Johannes fuhr fort: »Du hast dich all die Jahre so sehr angestrengt, es mir schön zu machen. Selbstverständlich werde ich ausziehen. Ich suche mir etwas Neues, und du kannst hierbleiben, das willst du doch?« Und dann lagen wir uns weinend in den Armen und waren beide unendlich traurig, dass wir es nicht geschafft hatten, unsere Ehe fortzuführen. Besonders ich nahm mir das übel. Ich war angetreten, bis dass der Tod uns schied. Und nun musste ich mir eingestehen, dass ich selbst eingegriffen hatte. Mir selbst zu verzeihen, durfte ich bei der Gelegenheit auch noch mal wieder lernen. Das war nicht leicht für mich.

Heute kenne ich Frauen, die nicht gegangen sind, obwohl sie es wollten, und bin unendlich dankbar, dass ich den Absprung geschafft habe. Denn so viel Wundervolles ist seither geschehen. Die Trennung von Johannes hat mein Leben wieder in seine ureigene Spur gebracht, und mein Drachen konnte hoch fliegen, mit allen Winden.

Johannes und ich waren sehr aufgeregt, als wir »es« den Kindern sagten. Wie würden sie reagieren? Und wie es so oft im Leben ist: Die Angst davor war schlimmer als das tatsächliche Ereignis. Das kannte ich doch und hatte längst gelernt, Schritt für Schritt an die Probleme heranzugehen. Nur hier wollte ich es mir nicht eingestehen. Als unsere Kinder hereinkamen, saßen wir eng beieinander auf dem Sofa. Johannes hatte sogar einen Arm auf meiner Schulter liegen, das hatten die Kinder lang nicht mehr gesehen. Er berichtete ihnen von der bevorstehenden räumlichen Trennung ihrer Eltern. Das Familienhaus würde ihnen erhalten bleiben, »eure Mutter wird weiter hier wohnen«. Die Kinder waren überrascht, aber nicht geschockt. Zu unserem Erstaunen erfuhren wir, dass sie damit gerechnet hatten, früher oder später. Und wir hatten uns so viel Mühe gegeben, es vor ihnen zu verbergen.

Obwohl alles so gut und freundschaftlich ablief, weinte ich viel. Ich war Johannes dankbar für seine Großzügigkeit, dass ich im Haus bleiben konnte. Es wäre entsetzlich gewesen, wenn wir gestritten hätten, egal worum. Johannes nahm alle Schuld auf sich und wusste selbst Jahre nach seinem Rückzug aus der Ehe nicht, wieso es dazu gekommen war. Aber das spielte jetzt auch keine Rolle mehr. Plötzlich konnten wir auch darüber entspannt reden. War es doch kein Gespräch mehr, welches eine Änderung herbeiführen wollte. Heute, Jahre später, können wir sogar Späße darüber machen, wie dusselig wir damals waren.

Single ist super

Jeden Tag fragte ich mich: Wie fühlt es sich an? Und staunend spürte ich: gut. Sehr gut! Es fühlte sich großartig an! Und ich freute mich auf meine Zeit allein im Haus. Doch zuerst einmal mussten wir eine neue Bleibe für Johannes finden.

Zum dritten Mal in unserem Leben gingen Johannes und ich auf Wohnungssuche. Er wollte außerhalb der Stadt wohnen, aber doch in der Nähe der Familie. Einige vielversprechend klingende Objekte entpuppten sich als Absteigen. Wir stellten uns auf eine längere Suche ein, da entdeckte Johannes ein Häuschen in der Lüneburger Heide und verliebte sich auf den ersten Blick. Seine Freude erleichterte mich. Hier wollte er leben, das war klar, nah am Wald und mit unserem Hund. Er wollte viel spazieren gehen und sein Leben genießen. Und genauso machte er es, und zu meiner großen Freude wurde er wieder glücklicher. Auch er trägt die Verantwortung für sein Glück selbst, und ich stehe staunend davor, wie er sein Leben in die Hand genommen hat. Wie auch er auf seine Art sein Leben genießen kann und zufrieden ist. Manchmal ist das Leben selbst der beste Lehrmeister. Da nützen alle Reden vorher nichts. Einmal ergab sich eine köstliche Situation. Als ich für dieses Buch eine neutrale Person suchte, die sich nicht so viel mit solchen Themen befasst, fiel meine Wahl auf Johannes. Er sollte das Manuskript lesen und mir sagen, ob es logisch aufgebaut sei und er alles verstehe. Seine Antwort hat mich umgehauen: »Klar hab ich alles verstanden, ist ja alles völlig logisch. Aber kannst du mir mal sagen, wieso du mir das nicht früher erklärt hast?« Ich konnte vor lauter Lachen kaum sprechen: »Tausendmal hab ich versucht, es dir zu erklären.« Aber da waren die Ohren noch auf Abwehr geschaltet. Das fiel jetzt weg. Es entsteht tatsächlich eine neue Freiheit. Jetzt ist Entwicklung möglich, die vorher auf dem Gebiet nicht zu schaffen war.

Auch ich spürte, dass ich vorher mit angezogener Handbremse gelebt hatte. Das sollte es nicht wieder geben. Mein Schwung, meine Energie durften sein. Das fühlte sich unglaublich gut an. Alleine zu leben, hat für mich sehr viele schöne Möglichkeiten. Ich fühle mich königlich, wenn ich alleine in die Oper gehe und nicht schauen muss, ob es dem anderen denn auch so gut gefällt. Ich gehe und ging schon immer gerne alleine in ein Restaurant. Muss da nicht verschämt im Handy blättern, sondern schaue mir meine Umgebung an, als wäre ich im Urlaub. Ich liebe es, meine Gedanken einfach laufen zu lassen, ohne Unterbrechung. Auch alleine zu verreisen, weiß ich sehr zu schätzen. Meine eigenen

Pläne über Bord zu werfen, wenn mir danach ist, mich nicht abzustimmen – all das ist Freiheit. Und ich bin unendlich dankbar, dass es mir so gut gelungen ist.

Nach sieben Jahren, in denen Johannes und ich getrennt lebten, wollte ich klare Verhältnisse. Es hatte sich seither nichts verändert, wir sahen uns weiter regelmäßig und telefonierten auch und feierten Familienfeste mit den Kindern. Doch ich wünschte mir mehr Klarheit, und Johannes wollte mir nicht im Weg stehen. Mit klammem Herzen fuhren wir zwei Tage vor Weihnachten gemeinsam zum Scheidungstermin. Die Heimfahrt verlief deutlich entspannter, und das Weihnachtsfest im Kreis unserer Lieben war das fröhlichste seit Jahren. Wir erzählten den Kindern von den guten alten Zeiten, und der Jüngste fand über Spotify unsere alten Lieder von Peter, Paul and Mary, die wir lauthals mitsangen. Und dann tanzten wir auch noch. Wie früher, na ja, fast. Ich habe tatsächlich einen neuen Freund gewonnen. Was für ein Geschenk! Dass Liebe sich so wandeln kann, dass somit weiterhin Nähe möglich ist, die erst durch äußere Distanz sichtbar wurde, ist für mich völlig überraschend. Es fällt sicherlich nicht vom Himmel, sondern verlangt ein Akzeptieren der Lebenssituation ohne Vorwürfe.

Heilen statt kündigen

Vielleicht entdeckst du beim Rückblick auf dein Leben viele Verletzungen, traurige Zeiten? Doch du hast nicht aufgegeben und bist weitergegangen, und heute stehst du hier. Wie du durch Verzeihen diese Verletzungen loswerden kannst, haben wir uns schon angeschaut. Aber da ist noch etwas anderes, sehr Kostbares, und du weißt es sicher selbst: In dir gibt es einen Kern, der ist unkaputtbar. Niemand kann ihn berühren, keine Misshandlung könnte dich verletzen. Allein durch Liebe ist er berührbar. Aber du brauchst auf niemanden zu warten. Denn auch du selbst kannst dich lieben und deine Verletzungen heilen mit dieser Liebe.

Ich kenne Menschen, die wollen sich ab einem gewissen Alter nicht mehr mit der Vergangenheit auseinandersetzen. Sie sagen, das täte ihnen nur weh. Aber es lohnt sich. Die Angst davor ist auch hier oft größer als der Seelenschmerz selbst. Es ist so ähnlich wie Zahnweh. Bevor die Plombe draufkommt, tut es erst noch mal kurz weh. Und wenn wir uns unserem Päckchen stellen, wenn wir uns dem Schmerz stellen und ihn in Liebe annehmen und auch erkennen, welche Geschenke wir dadurch bekommen haben, wird er heilen, und wir können anderen dabei helfen, durch diese Erfahrung zu gehen. Alles Gute, was wir erfahren, können wir mit anderen teilen und sie ermutigen, es auch zu versuchen. Und dann singen wir gemeinsam die alten Lieder und sind jung und alt und alles durcheinander, miteinander – am Leben.

Silver Model

Meine Tochter jobbte während ihres Studiums als Model, um sich ein bisschen Geld dazuzuverdienen. Ich hielt das für eine gute Entscheidung, so erntete sie mit geringem Aufwand mehr als in anderen Jobs, für die sie mehr Zeit hätte investieren müssen. Bei einem ihrer Besuche merkte ich schon bei der Begrüßung, dass da etwas im Busch war. Es dauerte auch nicht lange, bis meine Tochter damit herausplatzte. »Mami, du musst auch Model werden.«

»Um Gottes willen, ganz sicher nicht.«

»Doch, Mami. Du wärst das perfekte Model.«

»Niemals, das kommt nicht in die Tüte!«

»Du darfst nicht glauben, dass nur junge Frauen modeln! Für Werbung werden alle Altersgruppen gesucht und ...«

»Nein«, sagte ich noch einmal, denn allein die Vorstellung war mir peinlich.

Meine Tochter legte die Hand auf meinen Arm. »Mami, und wenn ich dich bitte?«

Ich seufzte. »Ich weiß nicht, was mir das bringen soll.«

»Mir würde es etwas bringen«, sagte meine Tochter.

»Dir?« Fragend sah ich sie an.

»Es ist nämlich so, dass ich einen Superauftrag bekommen könnte für eine internationale Kosmetikfirma. Sie wollen aber eine Mutter-Tochter-Szene drehen. Es wäre zwar nicht nötig, dass ich mit meiner echten Mutter zum Casting komme, aber ich habe mir schon oft gedacht, dass du ein perfektes Model abgeben würdest. Du siehst super aus, du hast eine gute Figur ...«

»Ich habe fünfzehn Kilo zu viel auf den Rippen!«, unterbrach ich sie.

»Darauf kommt es in der Werbung nicht an! Es geht darum, ob du überzeugend ein Produkt präsentieren kannst. Mami, bitte! Wir hätten bestimmt viel Spaß.«

»Wo und wann ist denn dieses Casting?«, fragte ich.

Meine Tochter fiel mir jubelnd um den Hals.

»Moment!«, rief ich. »Das war keine Zusage.«

Sie lachte. »Ich bin sicher, es wird dir Spaß machen. Du liebst doch neue Herausforderungen!«

Damit hatte sie natürlich recht. Was hatte ich denn da schon wieder für Bilder im Kopf, wieso das nichts für mich sei? Ich hatte dieses Muster nie hinterfragt. Ich kann mich nicht erinnern, wann ich mir dieses Bild gemalt hatte, aber es wurde höchste Zeit, dass es ins Freudenfeuer kam. Ich würde neue Seiten an mir kennenlernen, das ist immer spannend. Und als ich den Namen der Firma erfuhr, war ich endgültig beruhigt. Alles seriös, und die Produkte kannte ich aus der Apotheke. Meine Tochter und ich gewannen das Casting, und wie vorausgesehen hatten wir viel Spaß und genossen es, wieder mal als Team anzutreten. Und für dieses Vergnügen gab es auch noch Geld! Ich war begeistert. Ein Wermutstropfen waren jedoch die Resultate. Ich gefiel mir überhaupt nicht auf den Fotos. Andererseits hatte ich den Job nicht gemacht, um mich toll zu finden. Glaubte ich doch, gar nicht so eitel zu sein. Und nun das. Es ist so spannend, sich selbst auf die Schliche zu kommen. Es war ein Job und mehr nicht. Nun, ein bisschen mehr schon, denn ich ließ mich in die Kartei der Modelagentur meiner Tochter aufnehmen, und weil doppelt gemoppelt besser hält, bewarb ich mich bei einer weiteren Agentur, die mich ebenfalls unter Vertrag nahm. Wenn ich Folgeaufträge bekommen würde, wäre das prima, wenn nicht, würde ich die Sache wieder vergessen. Ich hatte eine ganz neue Welt kennengelernt. Meine Neugier trieb mich an: Wie mag ein nächster Auftrag aussehen? In welche Rolle würde ich reinschlüpfen müssen? Ich bin meiner Neugier so dankbar, mich immer wieder mutig zu neuen Ufern aufbrechen zu lassen und meine Wenn und Aber – meine Grenzen – im Kopf über Bord zu werfen.

Es dauerte nicht lange, bis ich von einem großen deutschen Kaffeehersteller gebucht wurde, für zwei Tage.

»Das ist ein Sahnehäppchen«, meinte die Dame aus der Agentur.

Mitten im Sommer sollte ich Weihnachtsstimmung verbreiten. Als Großmutter empfing ich meine Familie mit duftendem Kaffee und saß mit allen am Tisch, betrachtete mit den Enkeln Fotos, entspannte mit meiner falschen Tochter auf dem Sofa, jede eine Tasse Kaffee in der Hand. Was für ein Vergnügen! Nur die Klamotten, die ich tragen sollte, gefielen mir nicht. Aber es kam abermals nicht darauf an, dass ich mir gefiel, nein, alles musste ins Bild passen. Viel konnte ich mir auch von den anderen Models abschauen, die schon lange im Geschäft waren. Auch da bei null anzufangen, ist eine Bereicherung. Ich liebe Neustarts. Raus aus eingefahrenen Gleisen, in die man im Alltag so schnell stolpert. Jede Chance nutzen, dem zu entgehen. Bei diesem Auftrag lernte ich, dass ich nie ohne Buch zu einem solchen Shooting gehen sollte, denn ich musste sehr lange warten, weil immer irgendetwas neu eingestellt oder besprochen werden musste innerhalb des Teams. Mindestens ein Dutzend Leute tummelte sich am Set, von den Mitarbeitern der Werbeagentur über das Kamerateam zu den vielen Assistenten. Ich staunte, wie sich ein Bild veränderte, wenn man die Tassen auf dem Tisch nur einen Zentimeter verschob. Am Monitor wurde das deutlich sichtbar.

»Frau Silver, haben Sie Ihre Tasse schon wieder verrückt?«

»Ich war das«, gestand mein falscher Sohn schuldbewusst.

»Ich habe ihn wohl nicht richtig erzogen«, erklärte ich dem Produzenten, und dann platzten wir alle laut heraus. Es ging trotz aller Professionalität lustig zu, und ich freute mich, dabei sein zu dürfen.

Von mir aus hätte es nach dem Kaffeeauftrag gleich so weitergehen können, doch als Nächstes musste ich durch eine Durststrecke. Ich wurde zwar hin und wieder zu Castings eingeladen, doch nie gebucht. Da merkte ich, dass ich aufpassen musste, eine solche Ablehnung nicht persönlich zu nehmen wie eine andere Dame, mit der ich mich einmal unterhielt. Sie erzählte mir, dass sie nach einer Absage tagelang nicht gut schlafe.

»Aber das trifft doch nicht Sie persönlich«, entgegnete ich. »Es heißt doch nur, dass Sie nicht ins Konzept der Werbeagentur passen.« Wir fühlen uns so schnell persönlich abgelehnt, obwohl die Absage gar nichts mit uns zu tun hat. Das ist bei anderen Bewerbungsabsagen doch auch so. Es gibt jemanden, der besser zu der Firma passt als ich. Aber deshalb bin ich doch nicht schlecht. Ich muss nur weiter suchen. Es sind unsere Gedanken, die uns leiden lassen. Das ist nicht nötig.

»Wenn man älter ist, muss man sich mit den Resten begnü-gen«, seufzte das andere Model.

Da war ich anderer Meinung. In meinem Alter war ich doch kein Restposten, ich war eine gefragte Protagonistin, wie ich feststellte, als ich mir zur Marktbeobachtung nun öfter Werbung im Fernsehen anschaute. Zahlreiche ältere Men-schen treten im Werbefernsehen auf, früher warben sie für Seniorenprodukte oder waren Teil einer glücklichen Familie. Heutzutage werben Senioren für alles, was gebraucht wird. Wir sind eine starke Käuferschicht. Da hat sich viel verändert. Mir macht Modeln viel Spaß, ist es doch eine Möglichkeit, neue Talente zu leben, die bislang gar nicht ans Tageslicht durften. Davon abgesehen ist es auch ein schöner Zuver-dienst.

Lustvoll abnehmen

Vielleicht war die Zahl, die angezeigt wurde, das Zünglein an der Waage, doch eigentlich entschloss ich mich aus einem an-deren Grund, meine Ernährung umzustellen. Die Gewichts-abnahme war dann nur ein Nebeneffekt. Eines Tages merkte ich nämlich, dass ich nach dem Mittagessen regelmäßig müde wurde. Anstatt frisch gestärkt mein Tagwerk fortzusetzen, hätte ich mich am liebsten hingelegt. Ein befreundeter Arzt riet mir, bei der Nahrungsaufnahme Eiweiß und Kohlenhydrate zu trennen. Das würde die Verdauung weniger belasten, und ich hätte mehr Energie zur freien Verfügung. Es war nicht schwer, den Ratschlag in die Tat umzusetzen, es gibt viele tolle Rezepte aus der Trennkost bzw. Low-Carb-Richtung, wie es heute heißt. Schon nach wenigen Mahlzeiten merkte ich, dass ich leistungsfähiger war. Ich beschäftigte mich nun intensiver mit gesunder Ernährung, ohne jedoch allzu strenge Regeln aufzustellen, dafür esse ich viel zu gern. Allerdings mied ich Nudeln, Brot, Kartoffeln und Reis. Ich weiß, das hört sich erst ganz gruselig an. Wie soll das denn gehen? Aber auch das ist ohne großen Aufwand möglich. Die Energie, die man dabei gewinnt, verleiht Flügel und hilft über »Durststrecken« hinweg. Wobei wir gleich bei einem wichtigen Thema sind: ganz viel trinken.

Kurioserweise stieg mein Appetit auf Kohlenhydrate nicht, sondern verschwand. Da begriff ich, dass ich keine Wunderdiät brauchte, sondern eine Ernährungsumstellung langfristig zum Erfolg führen würde. Irgendwo hatte ich einmal gelesen, und meine Freundinnen hatten es mir bestätigt, dass es ab vierzig immer schwieriger würde abzunehmen. Manche Frauen geben aus diesem Grund den Kampf um die Kilos auf. Denn wenn man, um ein Pfund zu verlieren, tagelang hungern muss, macht ja nichts mehr Spaß. Ich war mit meinen Erfolgen zufrieden, muss jedoch einräumen, dass auch ich für die Abnahme von fünfzehn Kilo länger brauchte als in meiner Jugend. Doch es gab kontinuierlich kleine Teilerfolge, sodass ich mich nicht anstrengen musste, dabei zu bleiben, zumal ich keinen Hunger hatte. Allerdings ist mir dieser Teufelskreis, in den viele Frauen meines Alters geraten, sehr wohl bekannt. Durch das falsche Essen hat man weniger Energie und kann sich nicht aufraffen, etwas zu ändern. Das frustriert einen, und deshalb isst man noch mehr und kann noch weniger rausgehen und so weiter. Richtig schade finde ich es, wenn jemand trotz des »Verbotes« einmal Schokolade oder eine andere Sünde nascht und sich dann selbst beschimpft. Wenn ich »sündige«, dann aber bitte mit Genuss! Sonst hätte ich es auch bleiben lassen können. Heute muss ich gar nicht mehr aufpassen, wenngleich ich natürlich darauf achte, was ich esse. Die grobe Richtung ist bei mir: Kohlenhydrate zum Frühstück, in meinem Fall Müsli, und danach Gemüse mit Fisch oder Fleisch. Ich esse lustvoll und koche jeden Tag mindestens einmal für mich. Das bin ich mir wert. Ich mag das andere Essen gar nicht mehr. Wer hätte das gedacht?

Disziplin macht frei

Die Ernährung eines Menschen spiegelt sich auch in seinem Gesicht. Ich kann an mir ablesen, ob ich Zucker oder Weißmehl gegessen habe, und zwar schon am nächsten Tag. Ich sehe dann nämlich müde aus und nicht so strahlend, wie es mir lieber ist. Auch die ausreichende Flüssigkeitszufuhr speichert sich im Gesicht. Wenn ich täglich nicht mindestens einen Liter Wasser trinke, zeigen sich mehr Falten. In der Regel trinke ich inklusive des Grüntees am Morgen drei Liter am Tag. Auf Kaffee verzichte ich schon lange, er schmeckt mir nicht mehr.

Wenn ich einmal über die Stränge schlage, dann quittiere ich das mit einem Lächeln. Hin und wieder dunkle Schokolade ist auch eine Seelennahrung. Wohlwissend, dass ich die Konsequenzen zu tragen habe. Ich habe eine tolle Alternative zu Schokolade entdeckt: ein Teelöffel Rohkakao mit einem Teelöffel Cashewmus und einem viertel Teelöffel Kokosblütenzucker. Himmlisch! Und gegen den kleinen Hunger unterwegs habe ich immer Mandeln in der Handtasche.

Selbstverständlich gehört auch Sport in Maßen zu meinem Gesundheitsprogramm. Dabei probiere ich immer wieder mal etwas Neues aus, im Moment ist es Zumba, früher habe ich Jazzdance, Pilates und Yoga praktiziert. Rückenübungen mache ich jeden Morgen nach dem Aufstehen. Ich habe festgestellt, dass alles, was ich täglich tue, ganz schnell zu einem Ritual wird, das ich in meinen Alltag mit einbaue. Hier hilft mir meine Grundbegeisterung. Ich mache nichts, weil ich muss. Alles, was ich tue, geschieht mit Freude. So fällt es mir auch leicht. Ich kann mir nicht vorstellen, mit Widerwillen zu einer Sportstunde zu gehen, nur damit ich sie dann hinter mich gebracht habe! Trotzdem halte ich mich für diszipliniert, jedoch nicht, weil es eine deutsche Tugend ist, sondern weil Disziplin die Pforte zur Freiheit darstellt.

Wenn wir in unseren Bedürfnissen gefangen sind, leben wir nicht frei. Wenn wir eine Zigarette rauchen müssen. Wenn wir Schokolade brauchen. Wenn wir ohne ein Glas Wein nicht entspannen können und so weiter. Alle Bedürfnisse, die eine übersteigerte Wichtigkeit erlangt haben, ja, nach denen wir vielleicht sogar süchtig sind, machen unfrei. Und es scheint, dass der moderne Mensch immer mehr solche Bedürfnisse entwickeln kann, ob das nun Surfen im Internet, Shoppen oder Serienkucken auf Netflix ist. Ich möchte die Hoheitsgewalt über mein eigenes Leben behalten und sie nicht an Süchte abtreten, deren Befriedigung mich zu einer Marionette degradieren würde.

Dresscode für Omis

Neulich musste ich mich sehr zurücknehmen am Set. Wir drehten einen Werbefilm für hochwertige Kopfhörer. »Mein Mann« und ich nutzten sie beim Fernsehen und Musikhören, um uns nicht zu stören. Der Regisseur bat mich, ich solle mich etwas bewegen, gern ein bisschen tanzen. Mit Freude folgte ich der Bitte. Die Bilder wurden an den Kunden übermittelt, um die beste Feinabstimmung zu garantieren.

»Bitte weniger«, bat mich der Regisseur und dann noch einmal. Schließlich wurde mein Tanz auf ein kaum wahrnehmbares Kopfwippen geschrumpft.

»Die Zielgruppe ist schließlich schon etwas älter«, erklärte mir eine Assistentin, als wüsste ich das nicht selbst. Zu gern hätte ich diesem Kunden erklärt, dass sich auch meine Altersgruppe etwas intensiver bewegt, als nur leicht mit dem Kopf zu nicken! Doch meine Meinung war hier nicht gefragt, und so behielt ich sie für mich.

Es ist nichts Neues für mich, an die Grenzen zu stoßen, die unsere Gesellschaft für das Alter errichtet. Ist das nicht kurios? Wir sperren uns selbst damit ein, denn jeder wird älter – wenn er Glück hat! Und so errichten wir Käfige, in denen die Alten dann ein reduziertes Leben führen sollen? Da wir selbst die Käfigbauer sind, haben wir auch die Macht, das zu ändern. Weg damit. Diese Ketten sind längst gesprengt. Am Set erlebe ich mich oft als die mit der meisten Energie. Nie käme ich auf die Idee, mich hängen zu lassen. Vielleicht liegt es auch an der Disziplin, die einem das Leben beigebracht hat. Auch die wird gebraucht. Weiter voll konzentriert zu sein, auch nach der zwanzigsten Einstellung.

Es kam auch schon vor, dass ich am Set erschien, und die Macher fanden mich zu flott. In so einem Fall werde ich auf solide umgestylt. Häufiger erlebe ich es, dass ein Kunde am Set seinen Plan ändert, sobald er mich sieht. So wird das meiner Meinung nach eher langweilige Omi-Klischee eingemottet, und stattdessen wagt man sich an die flotte Variante, die mir mehr liegt. Natürlich freue ich mich, wenn ich das Bild vermitteln darf, das meiner Meinung nach das echtere ist, weil es den Menschen nicht auf sein Alter reduziert. Bereichernd finde ich, dass das Modeln mich dazu motivierte, mich äußerlich zu verändern. Zwar fühlte ich mich auch als Hausfrau niemals altbacken, doch man sah mir sicher an, dass ich keine Geschäftsfrau, sondern vordergründig Mutter war. Als ich dann beruflich durchstartete, wechselte ich meinen Kleidungsstil und trat auch selbstbewusster auf, was ja unabdingbar war, da ich mich nicht selten in einer Männerwelt durchsetzen musste. Mit dem Modeln kam eine Leichtigkeit hinzu. Ich genieße es, in verschiedene Rollen zu schlüpfen, und spiele damit. Ob sportlich oder gemütlich kuschelig auf dem Sofa – ich lasse meine Empfindungen äußerlich sichtbar werden. Mein Pluspunkt ist vermutlich, dass ich Lebensfreude auf dem Foto sichtbar werden lassen kann. Wenn das auf das Produkt überspringt, welches da beworben wird, dann trifft es sich gut. Modeln ist für mich Energiearbeit. Voll da sein, ins Team eintauchen und trotzdem authentisch bleiben.

So tun als ob

Diese Veränderung lernte ich, weil ich sie zuerst spielte. Beim Modeln geht es nicht nur darum, gut auszusehen, gerade in der Werbung sollen die Protagonisten Emotionen transportieren. Das klappt bei mir am besten, wenn sie vorhanden sind. Ich musste also in mir bestimmte Gefühle erwecken, die dann in meinem Gesicht und Körper sichtbar wurden. So merkte ich, dass ich durch meine Gesten und mein Gesicht etwas erzeugen konnte, was sich dann automatisch verstärkte. Ich kam vielleicht etwas angespannt zu einem Casting, weil ich im Stau gestanden hatte. Nun sollte ich Gemütlichkeit verbreiten. Ich stellte mich innerlich darauf ein, verbreitete Gemütlichkeit, und die Gemütlichkeit, die ich ausstrahlte, wirkte zurück, und auf einmal war ich vollkommen entspannt. Das faszinierte mich, und ich probierte den Trick nun auch privat aus und stellte fest, wie einfach es ist, sich selbst zu überlisten. Probiere das unbedingt einmal aus! Aber wahrscheinlich weißt du das selbst.

Ähnlich empfinden wir, wenn wir in neuen Klamotten herumlaufen und plötzlich entdecken, dass wir anders auftreten. Kleider machen Leute!

Natürlich würde ich mein Gesicht nicht für alles zur Verfügung stellen, aber ich bin ja auch nicht verpflichtet, jeden Auftrag anzunehmen, den die Agentur mir vermittelt. Sie erhält für die Vermittlung meistens zwanzig Prozent der Gage, sodass sie selbst ein großes Interesse daran hat, mich zu einem guten Preis zu vermitteln. Im Lauf der Zeit habe ich die unterschiedlichsten Aufträge absolviert. In die Bahn steigen und im Zug sitzen, aus dem Fenster schauen. Schnell erledigt? Von wegen! Nein, immer wieder von vorne und bitte noch eine andere Einstellung und einmal ein Fuß in die Bahn, wieder zurück, ein Fuß vor, mit Handtasche, ohne Handtasche, mit Koffer, ohne Koffer und so weiter. In der Bahn mit verträumtem Blick aus dem Fenster oder beim Lesen der Zeitung und jetzt nach oben schauen und dann nach unten, ein leichtes Lächeln, nicht so viel, den Blick intensivieren, jetzt bitte nachdenklich … Je mehr unterschiedliche Posen ich den Fotografen anbieten konnte, desto besser. Ich wollte gern immer besser werden und blätterte interessiert in Zeitschriften und studierte die Posen der Werbung. Wie standen oder saßen die Models? Wieso fand ich eine Stimmung künstlich und eine andere überzeugend? Warum musste ich bei einem Bild lächeln und bei einem anderen nicht? Wie gelang es den Models innerhalb einer Szene, eine Produktaussage zu transportieren? Das alles interessierte mich nun. Ich übte vor dem Spiegel und fotografierte mich selbst – nicht aus Eitelkeit, sondern weil ich besser werden wollte, um die Vorstellungen der Kunden perfekt zu erfüllen. Verblüfft stellte ich fest, dass ich auf meinen Fotos ganz anders aussah, als ich glaubte. Wie konnte es sein, dass mein Empfinden nicht mit der Wirklichkeit übereinstimmte? Ich setzte mein stählernstes Lächeln auf und versuchte zu erspüren, wie sich das in meinem Gesicht anfühlte. Ich perfektionierte das Lächeln, indem ich es noch leuchtender gestaltete, zumindest glaubte ich das. Ein Blick in den Spiegel belehrte mich eines Besseren. Ich sah alles andere als leuchtend aus, eher angestrengt, übertrieben, fast schon peinlich. Ich musste also weiter trainieren. Letztlich dauerte es Tage, bis ich ein klares Empfinden für mein Gesicht erarbeitet hatte. Heute kann ich es anschalten wie einen Scheinwerfer. Wenn es mir gelingt, von innen zu strahlen, brauche ich sonst nicht mehr viel. Das Strahlen ist mein Markenzeichen. Nun kommt es auf den Fotografen an, der es einfangen soll. Und ich muss es schaffen, mein Charisma während des gesamten Auftrages auf diesem hohen Niveau leuchten zu lassen. Das ist manchmal eine ziemliche Herausforderung, denn die Atmosphäre, in der die tollen Fotos entstehen, ist meistens hektisch und nicht selten sogar stressig, weil irgendetwas nicht klappt, der Zeitplan eng getaktet ist oder es Unstimmigkeiten unter den Mitarbeitern gibt. So gehört es zu meinem Job, eine fröhliche Stimmung zu verbreiten, die mir dann wiederum hilft, mein Leuchten zu intensivieren. Auf diese Weise wachsen wir zu einem Team zusammen, und wenn die Fotos dann noch leuchten, sind alle happy.

Ich bin überzeugt davon, dass sich die Lebenseinstellung eines Menschen in seinem Gesicht spiegelt, und ich glaube, wenn ich ein weniger positiver Mensch wäre, würde ich nicht so viele Aufträge erhalten. Auch nach der zwanzigsten Einstellung noch zu strahlen, die Botschaft rüberzubringen, für die ich gebucht bin. Zeigen, dass es mir mit diesem Produkt besser geht, ja, dass es mich glücklich macht. Auch wenn ich selbst weiß, dass Glück nichts mit materiellen Dingen zu tun hat.

So habe ich mich ein Stück weit neu erfunden. Mein Kern blieb davon unberührt. Ich möchte das Modeln nicht mehr missen, weil es mir so viel Spaß macht, und ich bin meiner Tochter im Rückblick sehr dankbar, dass sie mich dazu überredet hat. Ich selbst hätte das niemals getan, weil ich völlig falsche Bilder davon im Kopf hatte von eitlen und oberflächlichen Menschen. Es ist wirklich bedauerlich, wie solche Bilder im Kopf uns ausbremsen können. Heute bin ich einfach dankbar, meine Schatzkiste mit noch mehr glitzernden Erlebnissen gefüllt zu haben. Und ich möchte auch dich motivieren, es einmal zu versuchen. Alle Lebensalter und Typen werden gesucht! Und: Wer selbst aktiv wird, beugt auch dem unangenehmen Gefühl von Neid vor, das einen, es ist nur allzu menschlich, überkommen kann.

Neid macht grün

Grün vor Neid, kennst du die Redewendung? Sie gefällt mir, denn damit kann man sich den Neid abtrainieren. Neid bringt ja nichts. Neid ist völlig überflüssig, auf jeder Position. Zum einen wird der Erfolg geschmälert. Zum anderen schmälert sich derjenige, der Neid aussendet, selbst. Neid macht klein. Wenn wir uns vorstellen, dass er auch noch grün macht, können wir ihn leichter aufgeben. Wer möchte schon mit einem grünen Gesicht durch die Gegend laufen! Zum Glück habe ich selbst nie unter Neid gelitten. Das mag daran liegen, dass ich früh erkannt habe, dass Neid die Lebensfreude dämpft. Wer Neid empfindet, wird nie beim Glück ankommen, es ist ein dorniger Pfad in eine Sackgasse. Wer sich mit anderen freuen kann, wer die Erfolge anderer mitfeiern kann, zieht das Glück an, nicht der kummervolle Neider. Neid produziert negative Gedanken am laufenden Band. Mitfreuen sät positive Gedanken, und es ist auch die beste Methode, den Neid in seine Schranken zu weisen. Außerdem freue ich mich so gerne, da nutze ich die Erfolge der anderen gerne für meine eigene Freude.

Es fällt mir leicht, mich an den Erfolgen anderer Models zu freuen. Niemals käme ich auf die Idee, sie und mich zu vergleichen. Es wird doch jeweils ein anderer Typ gesucht! Ich setze meine Energie besser ein, wenn ich meinen Typ konstant und klar verbessere. Und davon abgesehen: Ohne die anderen würde ich keinen Erfolg haben. Es gibt immer Vorgänger, die einem den Weg ebnen, auf deren Schultern man sozusagen steht. Wieso sollte ich da neidisch sein?

Wem kannst du dankbar sein, ohne ihn zu beneiden? Wer hat dich motiviert? Von welchen Erfolgen hast du gelernt? Vom Neid lernen wir nichts, Neid macht nur grün!

Hast du noch Flausen im Kopf?

Spürst du ihn noch, deinen Übermut? Oder hast du ihn der Vernunft geopfert? Verbirgst du ihn etwa unter deiner graubraunen Kleidung? Das kann geändert werden. Hauptsache, du glaubst nicht, Übermut schicke sich im Alter nicht. Übermut ist ein Lebenselixier! Es tut so gut, mal unvernünftig zu sein! Alle Fünfe gerade sein und sich nicht beirren zu lassen von dem, was man glaubt, dass man muss. Du musst nichts! Du darfst alles! Und es müssen auch keine Flausen sein, du darfst vernünftig sein. Krame doch bitte einmal in deiner Schatzkiste, ob du dort irgendetwas findest, was du gerne tun würdest. Es gibt keine Flausen, wenn du sie nicht so nennst. Wie wäre es mit: Sehnsüchten? Gibt es Funken, die du mit deiner Begeisterung entzünden kannst? Bleib dran! Flausen, Funken, Lebensfreude!

Als ich mit dem Modeln begann, gab es durchaus Momente, in denen ich das Handtuch werfen wollte. Es missfiel mir, dass ich abhängig von meinen Auftraggebern war. Doch ich blieb dabei. Auch als ich mit Zumba begann, gab es Situationen, in denen ich mich fragte, ob ich das wirklich fortführen wollte. Ich stellte fest, dass es in der Jugend leichter ist, etwas zu beginnen und kleinere Krisen zu meistern. Andererseits gibt man in der Jugend, so mein Eindruck, auch schneller auf. Im Alter ist der Einstieg mühsamer, und die Hürden wirken höher. Doch die Freude scheint mir auch tiefer zu sein. Bitte niemals den Fehler machen, sich mit jungen Menschen zu vergleichen oder mit sich selbst. Ja, vor dreißig Jahren fiel es uns leichter, eine Fremdsprache zu erlernen. Aber wenn wir dranbleiben, werden wir auch wieder mehr und schneller Vokabeln lernen als am Anfang. Alles Übungssache, in jedem Alter.

Und je mehr wir üben, desto jünger fühlt sich das Alter an. Alter ist Kopfsache! Auch das Gehirn will trainiert werden wie ein Muskel. Wir können mit den Jahren verlernen zu lernen. Wir können aber auch schnell wieder lernen zu lernen. Das Gehirn wächst mit seinen Anforderungen, und selbst stillgelegte Areale beleben sich, wenn wir sie fordern. Wissenschaftler sprechen von der Plastizität des Gehirns. Es befindet sich sozusagen im Stand-by-Modus. Ein Sechsundachtzigjähriger, der sich in eine Chinesin verliebt, hörte ich einmal von dem Hirnforscher Professor Gerald Hüther, kann in einem halben Jahr Chinesisch lernen, wenn er mit seiner chinesischen Lebensgefährtin in China lebt. Unser Gehirn ist fit. Und ich weiß nicht, wie schnell eine verliebte Sechsundachtzigjährige Chinesisch sprechen würde, die ja, so hört man oft, sprachbegabter sein soll als ein Mann …

Kündigung des altbackenen Großmutter-Bildes

Für mich hat sich nichts verändert, als ich Großmutter wurde. Nun gut, ich platzte fast vor Freude. Aber es beeinflusste meine Persönlichkeit nicht, und ich sah keine Notwendigkeit, mich anders zu kleiden oder Plätzchen zu backen oder was auch immer. Ist dir bewusst, welches Bild du von einer Großmutter hast? Und vor allem: Gibt es Grenzen, die du einer Großmutter verordnen würdest? Sie sind oft unbewusst. Eine Frau mit Mitte siebzig sagt, sie würde kein Rot mehr tragen. Dabei steht es ihr so gut. Wenn ich sie frage, antwortet sie vielleicht: Weil ich zu alt für Rot bin.

Hallo! Zu alt für Rot? Wenn es dir steht?

Was glaubst du, wofür du zu alt bist? Ich will dir nicht einreden, diese Hürde einfach zu überspringen, denn am wichtigsten ist es, dass du dich wohlfühlst. Doch manchmal beschränken wir uns selbst – und dann fühlen wir uns bestimmt nicht wohl. Also kündige die altbackenen Großmutter-Bilder und kreiere deine eigene Großmutter oder, wenn du keine Enkel hast, dein eigenes Alter, das schließlich nur eine Zahl ist, und was mich betrifft, kann man die getrost vergessen. Schall und Rauch, und es gibt wichtigere Dinge, mit denen wir unsere Zeit verbringen, um die wir uns kümmern können: uns selbst. Jetzt sind wir dran, uns kennenzulernen, unsere Talente und Sehnsüchte zu leben, unser Leben zu erobern!

Greta geht ins Netz

Als ich mich nach siebzehn Jahren Hausfrau und Mutter selbstständig machte, begann ich, mich für Computer zu interessieren. Schnell merkte ich, dass sie beruflich bald unverzichtbar
sein würden, und meldete mich zu einem dreiwöchigen Com-
puterkurs von Frauen für Frauen an. Das hatte ich mir gut
überlegt, und ich habe es nie bereut. Wenn Männer Frauen etwas erklären, neigen sie manchmal dazu, Frauen nicht unbedingt auf Augenhöhe zu behandeln, oder sie möchten schon
mal beweisen, wie gut sie alles Mögliche können, anstatt den
Lehrstoff sachlich zu vermitteln. Ich weiß auch nicht, was da
immer für Programme ablaufen. Darauf konnte ich jedenfalls
gut verzichten. In meinem Kurs gab es einige Frauen, die keinen eigenen Computer hatten, sondern ihre Männer bitten
mussten, deren Geräte benutzen zu dürfen. Eine Erzählung ist
mir unvergessen geblieben. Eine Teilnehmerin am Kurs wunderte sich, warum der Bildschirm nach geraumer Zeit stets
dunkel wurde. Sie dachte jedes Mal, sie hätte etwas falsch gemacht, und ihr Mann klärte sie nie über die Funktion des Bild-
schirmschoners auf. Er war wohl nicht geneigt, sein Herr-
schaftswissen zu teilen. So etwas empört mich!

Als ich die Hausbootflotte vermarktete, arbeitete ich mich in Grafikprogramme ein und entwarf selbst Flyer, was mir viel Freude bereitete. Um mit der Technik Schritt zu halten, besuchte ich weitere Computerkurse, und auch nach meinem Rückzug aus dem Berufsleben konnte ich mir ein Leben ohne Internet nicht vorstellen, es war einfach zu praktisch. Aber ich war eine völlig normale Benutzerin, bestellte manchmal etwas oder schlug Wissenswertes nach. Von hier bis zu meinem YouTube-Kanal war es nur ein kleiner Schritt, den ich gehen konnte, weil ich keine Angst vor Neuem habe. Ich sagte diesmal zu mir selbst: Ich will es gern versuchen.

Mit der Video-Funktion meines Fotoapparates drehte ich die ersten Filme und stellte sie ins Netz. Alles klappte auf Anhieb, auch mein Start auf Facebook. Doch dann stieg ich tiefer ein, zum Beispiel mit Google AdWords, um meine Keywords zu finden, und da verirrte ich mich zwischen Häkchen und Kästchen und brauchte ein halbes Jahr, bis ich mir einen Weg durch das Dickicht der Möglichkeiten gebahnt hatte. Die Mühe lohnte sich, ich wurde gefunden, ich bekam Likes, Fans abonnierten meinen Kanal. Ich konnte es zuerst kaum fassen, obwohl ich doch genau darauf hingearbeitet hatte. So viele Leute wie möglich zu erreichen, um meine Botschaft vom Alter als bester Zeit des Lebens breit zu streuen. In meinen ersten Filmen erzählte ich von Aktivitäten für Senioren wie zum Beispiel:

Senior Expert Service (SES) ist eine Organisation der Bundesregierung in Zusammenarbeit mit der Handelskammer, dem BDI/BDA. Sie schickt Menschen für einige Monate zu Projekten ins Ausland, um dort den Betrieben zu helfen. Man wird versichert bis unter die Haarspitzen, erhält die Reise- und Logiskosten und kann sein berufliches Know-how einsetzen. Den Rückflug kann man antreten, wann man möchte, also noch einige Wochen auf eigene Faust im Land unterwegs sein.

http://www.ses-bonn.de

Auch andere Organisationen bieten Wege, wie man sein berufliches Know-how einbringen oder sonst helfen kann. Dabei macht es Spaß, mit den Einheimischen viel intensiver in Kontakt zu kommen, als man das als Tourist könnte. Frauen, die als Granny Aupair tätig waren, erzählten mir begeistert und mit leuchtenden Augen von ihren Erfahrungen.

Die Vielfalt der Einsatzmöglichkeiten ist umwerfend, auch Tierfreunde finden etwas: Man kann in Nationalparks in Amerika helfen, die Wege sauber zu halten, oder auf Pferde- farmen in Chile, wo mit Therapiepferden gearbeitet wird. Af- fenaufzuchtstationen in Afrika brauchen Unterstützung ge- nauso wie kleine Stofffabriken in Japan.

https://www.workaway.info/848474791819-en.html
https://www.granny-aupair.com/de
https://kultur-life.de/freiwilligendienste/

Viele ältere Leute hatten leider keine Ahnung, was sie mit ih- rer Zeit anfangen sollten, wenn die Kinder einmal aus dem Haus waren. Oder sie waren schon so lange beschäftigungslos, dass sie nicht wussten, wie sie wieder Anschluss finden sollten. Sie alle wollte ich mit meinem YouTube-Kanal motivieren, da- mit auch sie eines Tages feststellen würden: Das Alter ist die tollste Zeit des Lebens.

Nachdem ich viele allgemeine Tipps gegeben hatte, gerade auch über kostenfreie Reisen ins Ausland, wenn Senioren da- für im Gegenzug ihr Know-how weitergeben, erzählte ich immer öfter etwas aus meinem Alltag. Was mir begegnet war, was mich beschäftigte als Glückssucherin und Mutmacherin. Ich spürte, dass ich damit einer Berufung folgte. Ich selbst hatte so oft das Glück an die Hand genommen. Habe zugegriffen, wenn es in die Nähe kam, und durch die Entdeckung der Geheimverträge in jungen Jahren eine wichtige Erkenntnis gewonnen, die ich gern mit anderen teilen wollte, damit auch sie den Pfad des Glücks beschreiten würden.

Es macht klick

Parallel zu meinen YouTube-Aktivitäten schrieb ich kleine Gedichte. Ich nannte sie Haikus, obwohl sie nicht dem japanischen Versmaß entsprechen. Es sind kleine Mutmacher in Gedichtform, und sie entzückten meine Fans. Innerhalb eines Tages bekam so ein Gedicht durchaus mal dreizehntausend Klicks – und viele berührende Kommentare. Ich war aus dem Häuschen vor Freude. Ich hatte einfach einmal etwas in die Welt geschickt, und nun wurde mein Ruf beantwortet. Die Zuschriften machten mir Mut, mehr zu schreiben. Der Kontakt mit der Community wurde enger. Meine Filme ernteten immer mehr Klicks. Die Fans schrieben mir zahlreiche Mails und hatten so viele Fragen. Und nicht nur Senioren! Auch junge Menschen, gerade junge Menschen wandten sich an mich. Manchmal saß ich stundenlang am Schreibtisch und beantwortete Briefe. Oft wurde ich gefragt, wann ich mein erstes Buch herausbringen würde. An ein Werk wie dieses dachte ich damals noch nicht. Ich wollte Gedichte schreiben, doch als ich recherchierte, fand ich heraus, dass es nur wenige Verlage gibt, die Gedichte veröffentlichen. Also musste ich es im Selbstverlag versuchen. Und Fotos wollte ich auch dabeihaben. So war mein nächstes Projekt geboren, das ich selbst gestaltete, wozu ich eine Schulung für das Grafikprogramm InDesign besuchte. Mit Word hätte ich das nicht hingekriegt. Von morgens bis abends war ich ausgefüllt von all den spannenden Erfahrungen in dieser neuen Welt. Die Kinder staunten, was Mami mit sechsundsechzig auf die Beine stellte. Aber so besonders fand ich das gar nicht. Der Wechsel von der Haus- zur Geschäftsfrau mit Einrichtungsprojekten war schwieriger gewesen. Ich machte einfach getreu meinem Motto weiter: Grenzen gibt es nur im Kopf, und die schmeiß ich raus.

Meine Klicks summierten sich zu schwindelerregenden Zahlen, und ich erhielt bezaubernde Resonanz auf meine Filme. Sie schienen wirklich etwas zu bewirken, manche Follower berichteten von ihren Erfolgen, ja, dass sie durch meine Filme wertvolle Impulse erhalten und tatsächlich etwas in ihrem Leben geändert hatten. Manchmal kamen mir die Tränen vor Glück. Der YouTube-Kanal veränderte mein Weltbild, denn ich erfuhr, dass es Hunderttausende gibt, die so ticken wie ich und dem Pessimismus das Alter betreffend widersprechen. Die ihr Leben auch im Alter selbst in die Hand nehmen. Die nicht jammern, sondern anpacken. So ist meine Arbeit mit dem Kanal zu einer sinnvollen Tätigkeit geworden. Das macht glücklich. Mutig sein, sich etwas getrauen, passt so gut zu diesem Alter. Mir hilft dann oft die Frage: »Wie würdest du dich entscheiden, wenn du keine Angst hättest?«

Je älter, desto besser!

Nun wurde auch die Presse auf mich aufmerksam. Nach zahlreichen Zeitungen klinkte sich das Fernsehen ein. Als die ARD auf ihrer Facebookseite einen Teaser mit der Ankündigung eines Films mit mir postete, klickten innerhalb von sechs Tagen eine Million Menschen diesen Beitrag an. Meine Kinder riefen mich mehrmals täglich an, um mir die neuesten Zahlen zuzurufen. Niemals hätte ich ein solches Interesse für möglich gehalten, und es bestärkte mich in meinem Tun. Als der Teaser die Million überschritt, stieg ich innerlich aus. Letztlich klickten 1.400.000 Menschen den Teaser an. Meine Freude war nicht mehr zu steigern, und am allerschönsten war, dass ich das alles zwar sehr genießen konnte, doch mein Glück war davon nicht abhängig.

Wenn ich heute meine ersten Filme betrachte, muss ich schmunzeln. Wie unlocker ich damals war! Es war ja alles Neuland für mich, und natürlich bereitete ich mich jedes Mal gründlich vor und sagte mir: Ich bin locker. Ich bin total locker. Aber wenn ich den Film hinterher sah, war ich alles andere als locker. Doch ich wollte nicht schneiden. Manchmal werde ich gefragt, warum ich die ersten Filme nicht aus dem Netz nehme, zumal ich sie selbst nicht so gelungen finde. Aber sie gehören zu mir wie alles andere auch. Ich stehe zu meiner Vergangenheit; sie hat mich schließlich zu dem gemacht, was ich heute bin, und ich bin an ihr gewachsen. Schlimm wäre es für mich nur, wenn ich feststellen müsste, dass heute noch alles genauso ist wie vor zwei, drei Jahren. Ich möchte nicht stehen bleiben, ich möchte mich verändern, weiterentwickeln.

Längst schalte ich die Kamera ein und rede einfach drauflos. Natürlich kann man sagen, dass dies an meiner zunehmenden Professionalität liegt. Doch insgeheim bin ich der Meinung, es liegt auch am Alter. Denn je älter, desto besser.

Einen Vertrag
mit sich selbst schließen

Jetzt ist es höchste Zeit, dass ich mich einmal bei dir bedanke, liebe Leserin, lieber Leser. Für deine Neugier auf meine Gedanken. Für deinen Mut, dich mit mancher Betrachtungsweise auseinanderzusetzen, die dir zuerst vielleicht fremd erschien. Für deine Geduld auf den vielen Seiten und dein Schmunzeln, das dir hoffentlich der eine oder andere Satz entlockt hat.

Und ich möchte mir gerne etwas von dir wünschen. Nachdem du nun so viele Geheimverträge gekündigt und aufgelöst hast, könntest du doch auch mal einen abschließen? Ganz offen! Einen Vertrag mit dir selbst!

Vertragsgenstand: Ich.
Objekt: Gut zu mir sein.
§1 Schön, dass ich da bin.
§2 Das Leben ist jetzt.
§3 Ich mach was draus.

Was mich betrifft: Ich unterschreib schon mal.

Greta Silver

PS: Wir sehen uns auf meinem YouTube-Kanal *Zu jung fürs Alter!*

Danksagung

Ich bin unendlich dankbar für mein kunterbuntes Leben, das mich all das gelehrt hat, was in diesem Buch steht.

Ich danke meinen lebensfrohen Kindern für alles, was ich durch sie lernen konnte. Sie sind und waren meine größten Lehrmeister. Durch sie habe ich erfahren, was wirklich wichtig ist im Leben.

Liebe Christine Proske, dir danke ich für deine Anfrage: »Können Sie sich vorstellen, die Themen Ihres Kanals als Buch herauszubringen?« Dem ARD-Teaser zum Film »Endlich alt!«, der innerhalb einer guten Woche einmal um die ganze Welt schoss – millionenfach geklickt –, sei Dank. Da hattest du mich entdeckt. Das brachte den Stein ins Rollen und meinen schon vorher gefassten Entschluss endlich zu Papier. Begeistert sprang ich mit deinem Rat hinein ins Sortieren meiner Gedanken. Schreibend abzutauchen in mein Leben, setzte neue Energie frei. Strukturen finden bedeutete, mein Leben neu in Bahnen zu denken – herrlich.

Du, liebe Shirley Michaela Seul, hast dann genau die richtigen Fragen gestellt, bist mit mir auf Gedanken-Reisen gegangen, hast Lücken erkannt und geschlossen und alles liebevoll und professionell zusammengefügt. Ich danke dir von Herzen.

Ich danke aber auch meinen Fans auf meinem YouTube-Kanal – ihr seid meine Mutmacher. Eure zigtausendfachen Rückmeldungen, was diese kleinen Filme alles in eurem Leben bewirken, lassen mich vor Freude Purzelbäume schlagen. Liebe Freundin Hilli, Du hast alles mit mir durchfiebert – durchtanzt – durchjubelt. Es ist wunderbar dass es Dich gibt. Danke.